DEN KOMPLETTA KOKBOKEN FÖR KNAPPAR OCH BLOMMAR

100 läckra och vackra recept för ätbara blommor

Linnéa Berglund

Copyright Material ©2024

Alla rättigheter förbehållna

Ingen del av denna bok får användas eller överföras i någon form eller på något sätt utan korrekt skriftligt medgivande från utgivaren och upphovsrättsinnehavaren, förutom korta citat som används i en recension. Den här boken bör inte betraktas som en ersättning för medicinsk, juridisk eller annan professionell rådgivning.

INNEHÅLLSFÖRTECKNING _

INNEHÅLLSFÖRTECKNING _ **3**
INTRODUKTION **7**
FRUKOST OCH BRUNCH **9**
    1. Zucchiniblomsomelett 10
    2. Ägg Fyllda Med Nasturtiums 12
    3. Bakad Blåblomma Gräslöksomelett 14
    4. Aprikos-Lavendel Crepes 16
    5. Ägg Med Gräslökblommor 19
    6. Granola Med Ätliga Blommor 21
    7. Krämig äggröra med ätbara blommor 23
    8. Pansy pannkakor 25
    9. Blomma kraftBrazilian Açaí skål 27
    10. Frukost Sötpotatis Med Hibiscus Te Yoghurt 29
    11. Mango Smoothie Skål 32
MELLANMÅL OCH APTITRETARE **34**
    12. Ätbara smörgåsar med blomte 35
    13. Fyllda Nasturtiums 37
    14. Nasturtium Räkförrättssallad 39
    15. Maskros Blomma Munk 41
    16. Majs & Ringblomma Munk 43
    17. Vårrullar för ätbara blommor 45
    18. Acacia blomma munk 47
    19. Getost Med Ätliga Blommor 49
HUVUDRÄTT **51**
    20. Adobo Biff Sallad Med Hibiscus Salsa 52
    21. Blandad Blomma Och Ost Ravioli 55
    22. Maskros Lasagne 57
    23. Lamm Och Portulak Med Kikärter 60
    24. Foliebakad fisk med mexikansk myntablomma 63
    25. Fjärilar Med Grönsaker Och Lavendel 65

26. Brännnässlor Pasta Med Vegansk Parmesan 67
27. Vintergrönsaker Och Gnocchi 69

SOPPAR 71

28. Gurkörtblad & vetegrässoppa 72
29. Squash Blommasoppa 74
30. Körvel Nasturtium Soppa 76
31. Asiatisk krysantemumskål 78
32. Svart bönsoppa & gräslökblomma s 80
33. Nasturtium salladssoppa _ 83
34. Fänkålssoppa Med Ätliga Blommor 85
35. Grön ärtsoppa med gräslökblommor 87
36. Vichyssoise Med Gurkört Blommor 89

SALADER 91

37. Regnbågssallad 92
38. Mikrogrönt Och Snöärtssallad 94
39. Nasturtium Och Druvsallad 96
40. Sommarsallad med tofu och ätbara blommor 98
41. P otatis Och Nasturtium Sallad 100
42. Maskros Och Chorizosallad 102
43. Gurkört & Gurkor I Gräddfilsdressing 104
44. Rödkål med krysantemum s 106
45. Sparris sallad 108
46. Pensésallad 110
47. Grön Sallad Med Ätliga Blommor 112

KRYDDER OCH GARNIER 114

48. Nasturtium Pesto 115
49. Jordgubbs lavendelsylt 117
50. Kaprifolsirap 119
51. Violett honung 121
52. Blomgarnering för ost 123
53. Kanderade violer 125
54. Stekt krysantemum Lök 127
55. Kanderade rosenblad 129
56. Honung med lila blomma 131

57. Nypon & vinbärssås 133

DRYCK 135

58. Matcha Och Nasturtiums Smoothie Skål 136
59. Blåbär lavendelvatten 138
60. Peach Smoothie Skål 140
61. Söt lavendelmjölk Kefir 142
62. Healing Honeysuckle Te 144
63. Krysantemum Och fläder Te 146
64. Kamomill Och Fänkål Te 148
65. Maskros Och Kardborre Te 150
66. Yarrow Och Calendula Te 152
67. Skullcap Och Orange Blomma Te 154
68. Calendula Blommor kallvård Te 156
69. Hölfotsblommor Te 158
70. Nypon grönt te 160
71. Echinacea immunstödste 162
72. Rödklöver blommarTonic Te 164
73. Rosa svart te 166
74. Healing Honeysuckle Te 168
75. Blossom Tisane 170
76. Krysantemumte med Goji 172
77. Maskros blomma te 174
78. Fjärilsärtblomma Temjölk 176
79. Hibiscus Flower Te Mjölk 178
80. Valerianarot _ Super Relaxer Te 180
81. Johannesört Lugnande te 182
82. Föryngringste 184
83. Förkylningar Och Heshet Te 186
84. Limeblomma örtte 188
85. Potpurri te 190
86. Rödklöver te 192
87. Ros Och Lavendel Vin 194

EFTERRÄTT 196

88. Blåbär lavendel tranbär knaprig 197
89. Rabarber, ros och jordgubbssylt 199

90. Orange-Calendula Drop Cookies 201
91. Yoghurtparfait Med Mikrogrönt 203
92. Morotsblomma miniatyrlimpor...205
93. Anis Isop Cookies 207
94. Lemon Pansy Paj 209
95. Kamomillkakor 212
96. Jordgubbe Och Kamomill Sorbet..214
97. Nejlika Marshmallow Fudge 216
98. Violett glass 218
99. Violett soufflé 220
100. Jordgubbe, Mango & Rose Pavlova...222

SLUTSATS.. **225**

INTRODUKTION

Ge dig ut på en kulinarisk resa där den pulserande världen av knoppar och blommor står i centrum. "Den Kompletta Kokboken För Knappar Och Blommar" inbjuder dig att utforska riket av ätbara blommor, där smak möter estetik i ett harmoniskt firande av naturens överflöd. Den här samlingen med 100 läckra och vackra recept lyfter upp blomsmakerna från bara utsmyckningar till fokuspunkten för härliga rätter, och erbjuder en sensorisk upplevelse som överträffar det vanliga.

Ätliga blommor har varit ett fängslande inslag i kulinariska traditioner över hela världen, och deras inkludering har lagt till en touch av elegans och nyckfullhet till rätter. I den här kokboken dyker vi in i konsten att införliva blommor i våra måltider och förvandla dem från bara ingredienser till kulinariska mästerverk. Varje recept är ett bevis på mångfalden av smaker som naturens palett ger, från den delikata sötman hos violer till de peppriga tonerna av nasturtium.

Kokboken hyllar det ätbara landskapet, där kronblad och blommor inte bara är för visuella tilltalande utan bidrar med sin unika essens till en symfoni av smaker. Oavsett om du är en erfaren kock eller en äventyrlig husmanskock, kommer dessa recept att inspirera dig att omfamna skönheten och smakerna hos ätbara blommor i dina kulinariska skapelser.

" Den Kompletta Kokboken För Knappar Och Blommar " går utöver det vanliga och presenterar recept som inte bara är läckra utan visuellt fantastiska. Från sallader prydda med penséer till desserter som blommar med rosenblad, varje rätt är en duk där färgerna och formerna på ätbara blommor blir levande. Genom detaljerade instruktioner och inspirerande fotografier uppmuntrar den här kokboken dig att släppa loss din kreativitet i köket och förvandla varje måltid till ett konstverk.

Kokboken är en hyllning till årstiderna, då olika blommor blommar vid olika tider på året. Det uppmuntrar läsarna att utforska lokala marknader, trädgårdar eller till och med sin egen bakgård för att upptäcka det breda utbudet av ätbara blommor som finns. Genom att göra det främjar den en djupare koppling till naturen och en uppskattning för den välgörenhet den ger.

När du bläddrar igenom sidorna i " Den Kompletta Kokboken För Knappar Och Blommar ", kommer du att upptäcka det harmoniska äktenskapet av smaker som ätbara blommor ger till bordet. Varje recept är en noggrant utformad symfoni som balanserar den subtila sötman av blommor med det smakliga och syrliga, vilket skapar en kulinarisk upplevelse som engagerar alla sinnen.

Oavsett om du förbereder en romantisk middag, håller en trädgårdsfest eller bara vill lägga till en touch av elegans till dina vardagliga måltider, erbjuder den här kokboken en mängd olika recept som passar alla tillfällen. Det är en inbjudan att utforska den kulinariska potentialen hos blommor och förvandla ditt kök till en doftande och smakrik oas.

FRUKOST OCH BRUNCH

1.Zucchiniblomsomelett

INGREDIENSER:
- 2 msk rapsolja
- 2-3 hackad vitlöksklyfta
- ½ kopp hackad lök
- ¼ kopp hackad röd paprika
- 12 zucchiniblommor, tvättade och torkade
- 1 msk hackad färsk basilika
- ½ msk hackad färsk oregano
- 4 ägg
- Salt och peppar

INSTRUKTIONER:
a) Värm ugnen till 400 grader F.
b) Värm rapsoljan i en ugnssäker stekpanna.
c) Tillsätt vitlök, lök och röd paprika.
d) Fräs cirka en minut.
e) Tillsätt zucchiniblommorna och koka, rör om då och då, i cirka tio minuter tills de fått lite färg.
f) Tillsätt basilika och oregano. Rör om för att blanda väl.
g) I en skål, vispa ägg med salt och peppar efter smak. Rör ner i grönsakerna.
h) Sänk värmen och koka tills äggen precis stelnat. Sätt in pannan i ugnen och grädda tills den är klar ca 15-20 minuter.
i) Skär i klyftor och servera. Kan serveras varm eller rumstemperatur.

2.Ägg Fyllda Med Nasturtiums

INGREDIENSER:
- 2 hårdkokta ägg
- 4 små Nasturtiumblad och ömma stjälkar, hackade
- 2 Nasturtium-blommor, skurna i smala remsor
- 1 kvist färsk körvel, hackad
- 1 kvist Färsk italiensk persilja, fint hackade blad
- 1 Salladslök, vit och blekgrön del
- Extra virgin olivolja
- Fint havssalt efter smak
- Svartpeppar, grovmalen, efter smak
- Nasturtium blad och Nasturtium blommor

INSTRUKTIONER:
a) Hårdkoka ägg i kokande vatten bara tills äggulorna är fasta, inte längre.
b) Skär varje ägg på mitten på längden och ta försiktigt bort äggulan. Lägg äggulor i en skål och tillsätt nasturtiumblad, stjälkar och blommor och hackad körvel, persilja och salladslök.
c) Mosa med en gaffel, tillsätt tillräckligt med olivolja för att göra en pasta.
d) Smaka av med havssalt och peppar
e) Salta äggvitan lätt
f) Fyll försiktigt hålrum med äggula-örtblandningen.
g) Mal lite peppar ovanpå.
h) Ordna nasturtiumblad på en tallrik och lägg fyllda ägg ovanpå.
i) Garnera med nasturtiumblommor.

3. Bakad blåblomma gräslöksomelett

INGREDIENSER:
- 4 ägg
- 4 matskedar Mjölk
- Salta och peppra efter smak
- 2 msk Finhackad gräslök
- 3 matskedar smör
- 1 dussin gräslökblommor

INSTRUKTIONER:
a) Smält smöret i en stekpanna och blanda sedan resten av ingredienserna i en mixer och häll i den heta, smörade pannan.
b) När kanterna på omeletten börjar stelna, sänk värmen något och med en spatel vänder du de okokta äggen till botten av stekpannan tills alla är kokta.
c) Strö de tvättade blommorna över toppen av äggen och vik sedan omeletten och låt koka ytterligare några minuter. Tjäna.

4.Aprikos-Lavendel Crepes

INGREDIENSER:
- 1½ msk smör
- ½ kopp mjölk
- 1½ msk jordnötsolja
- 6½ matsked universalmjöl
- 1 msk socker, generöst
- 1 ägg
- ⅓ tesked Färska lavendelblommor
- 14 Torkade aprikoser, turkiska
- 1 dl rieslingvin
- 1 kopp vatten
- 1½ tsk apelsinskal, rivet
- 3 matskedar honung
- ½ dl Rieslingvin
- ½ kopp vatten
- 1 kopp socker
- 1 msk apelsinzest
- ½ msk limeskal
- 1 tsk färska lavendelblommor
- 1 nypa grädde av tartar
- Smaksatt vispad grädde, valfritt
- Lavendelkvistar, till garnering

INSTRUKTIONER:
CREPE SMET
a) Smält smör på måttlig värme.
b) Fortsätt att värma tills smöret fått en ljusbrun färg.
c) Tillsätt mjölk och värm något.
d) Överför blandningen till en skål. Vispa i resterande ingredienser till en slät smet.
e) Kyl i en timme eller mer.
f) Koka crepes, stapla med plastfolie eller pergament emellan för att förhindra att de fastnar.
g) Kyl tills den ska användas.

APRIKOSFYLLNING
h) Blanda alla ingredienser i en kastrull.
i) Sjud i ungefär en halvtimme, eller tills aprikoserna är mjuka.
j) Purea blandningen i en matberedare tills den nästan är slät. Häftigt.

RIESLINGSÅS
k) Blanda alla ingredienser i en kastrull.
l) Koka upp, rör om tills sockret lösts upp.
m) Borsta ner sidorna av kastrullen med en pensel doppad i kallt vatten för att förhindra kristallisering.
n) Koka, borsta ner då och då, till 240 grader F. på en godistermometer.
o) Ta bort från lågan och sänk botten av grytan i isvatten för att sluta koka.
p) Kyla.

ATT TJÄNA
q) Rulla 3 matskedar fyllning inuti varje crepe, tillåt två crepes per portion.
r) Rada upp crepes i en smörad ugnsform.
s) Täck med folie smörad på insidan. Värm i en 350 grader F. ugn.
t) Överför crepes till serveringsfat. Slev sås över och runt crepes.
u) Garnera med vispgrädde om så önskas och lavendelkvistar.

5.Ägg Med Gräslökblommor

INGREDIENSER:
- 2 matskedar olivolja
- 3 gräslökstammar med gräslökblommor
- 2 ägg
- Kosher salt
- 1 flerkorns engelsk muffins eller 2 brödskivor

INSTRUKTIONER:
a) Värm olivoljan i en stekpanna.
b) Riv gräslöken och blommorna grovt i 2 till 3-tums bitar och lägg dem i olivoljan för att värma i 30 sekunder.
c) Knäck äggen i stekpannan, tillsätt ett stänk koshersalt och fortsätt att laga mat tills äggvitorna är kokta men äggulan fortfarande är rinnig i cirka 3 minuter.
d) Rosta under tiden den engelska muffinsen.
e) När äggen är klara, skjut in dem på de engelska muffinshalvorna och ät med kniv och gaffel.

6.Granola Med Ätliga Blommor

INGREDIENSER:
- saft från ½ citron
- skal från 1 citron
- ¼ kopp socker
- 1 äggula
- 2 msk smör skuret i små
- ¼ kopp grekisk yoghurt
- ½ kopp rostade mandlar
- ½ kopp blåbär
- ½ kopp granola
- Penséer, nasturtiums och nejlikor

INSTRUKTIONER:
a) Lägg citronsaft, citronskal, socker och äggula i en gryta.
b) Koka, rör hela tiden med en träslev tills den blir tjock.
c) När den är klar, lägg den på sidan och tillsätt smöret och skär den i bitar. Rör om tills smöret smält och låt det svalna. När det är kallt tillsätt yoghurt och blanda i.
d) Rosta mandel i en stekpanna med en tesked olja.
e) När alla ingredienser är klara, börja lägga på alla ingredienser.
f) Börja med granola, sedan hälften av nötterna, yoghurt-citronmix, bär och resten av nötterna, täck med resten av yoghurtmixen och garnera med ätbara blommor.

7.Krämig äggröra med ätbara blommor

INGREDIENSER:
- 12 ägg
- ½ kopp lätt grädde
- 2 tsk hackade färska körvelblad
- 2 tsk hackade färska dragonblad
- 2 tsk hackad färsk bladpersilja
- 2 tsk hackad färsk gräslök
- Salt och nyknäckt svartpeppar
- 4 matskedar osaltat smör
- 8 uns getost, smulad
- Handfull ätbara blommor
- Färska persiljekvistar, till garnering
- rostat rågbröd

INSTRUKTIONER:
a) Vispa ägg, grädde, körvel, dragon, persilja, gräslök och lite salt och peppar i en bunke.
b) Smält smöret i en nonstick-panna, tillsätt äggen och rör om på låg värme tills äggen precis börjar stelna.
c) Rör ner getosten i stekpannan och fortsätt att koka en kort stund, rör fortfarande om då och då tills osten smält. Lägg till de ätbara blommorna.
d) För att servera, sked några ägg på rågbrödet och lägg på en tallrik med en kvist persilja ovanpå för garnering.
e) Servera omedelbart.

8.Pansy pannkakor

INGREDIENSER:
- 1½ koppar mjölk
- ½ kopp vatten
- 1 msk socker
- ¼ tesked salt
- 3 matskedar osaltat smör, smält
- ½ kopp bovetemjöl
- ¾ kopp universalmjöl
- 3 ägg
- 12 penséblommor
- Pensé enkel sirap eller blomsirap av något slag, för topping, om så önskas

INSTRUKTIONER:
a) Lägg alla ingredienser utom penséblommor i en mixer. Mixa tills det är slätt.
b) Kyl i minst 2 timmar och upp till över natten.
c) Låt smeten komma till rumstemperatur innan du steker. Skaka väl.
d) Hetta upp en nonstick-panna och smält smör.
e) Lyft kastrullen från värmen och häll ¼ kopp av smeten i mitten, luta och snurra pannan för att fördela den snabbt och jämnt. Återgå till värmen.
f) Efter ca 1 minut, strö över penséer.
g) Använd en spatel för att lossa kanterna på crepe från sidorna av stekpannan.
h) Vänd crepe och koka i ytterligare 30 sekunder.
i) Vänd eller skjut upp den på ett serveringsfat. Upprepa med resterande smet.

9.Blomma kraftBrazilian Açaí skål

INGREDIENSER:
FÖR AÇAÍ
- 200 g fryst açaí
- ½ banan, fryst
- 100 ml kokosvatten eller mandelmjölk

TOPPINGS
- Granola
- Ätliga blommor
- ½ banan, hackad
- ½ msk rå honung
- Granatäpplekärnor
- Strimlad kokosnöt
- Pistagenötter

INSTRUKTIONER:
a) Lägg bara till din açaí och banan i en matberedare eller mixer och mixa tills det är slätt.
b) Beroende på hur potent din maskin är kan du behöva tillsätta lite vätska för att göra den krämig. Börja med 100 ml och tillsätt mer efter behov.
c) Häll upp i en skål, tillsätt dina pålägg och njut!

10.Frukost Sötpotatis Med Hibiscus Te Yoghurt

INGREDIENSER:
- 2 lila sötpotatis

FÖR GRANOLA:
- 2 ½ dl havre
- 2 tsk torkad gurkmeja
- 1 tsk kanel
- 1 msk citrusskal
- ¼ kopp honung
- ¼ kopp solrosolja
- ½ kopp pumpafrön
- skvätt salt

FÖR YOGHURTEN:
- 1 dl vanlig grekisk yoghurt
- 1 tsk lönnsirap
- 1 hibiskus tepåse
- ätbara blommor, till garnering

INSTRUKTIONER:
a) Värm ugnen till 425 grader och peta över potatisen med en gaffel.
b) Slå in potatisen i aluminiumfolie och grädda i 45 minuter till en timme.
c) Ta bort från ugnen och låt svalna.

FÖR GRANOLA:
d) Sänk ugnsvärmen till 250 grader och klä en plåt med bakplåtspapper.
e) Kombinera alla granolaingredienserna i en mixerskål och rör om tills allt är täckt med honung och olja.
f) Lägg över på den klädda bakplåten och sprid ut så jämnt som möjligt.
g) Grädda i 45 minuter, rör om var 15:e minut, eller tills granolan har fått färg.
h) Ta bort från ugnen och låt svalna.

FÖR YOGHURTEN:
i) Gör hibiskuste enligt tepåsens anvisningar och ställ det åt sidan för att svalna.
j) En gång i rumstemperatur, vispa ner lönnsirap och te i yoghurten tills du når en slät och krämig konsistens med en lätt rosa nyans.

ATT BYGGA IHOP:
k) Dela potatisen på mitten och toppa med granola, smaksatt yoghurt och ätbara blommor för garnering.

11.Mango Smoothie Skål

INGREDIENSER:
- 1,5 dl frysta mangobitar
- ½ kopp grekisk yoghurt vanilj- eller kokossmak
- ½ kopp helfet kokosmjölk helfet eller lite
- 2 skopor smaklöst kollagenproteinpulver valfritt
- 1 tsk kokosolja
- 1 tsk honung infunderad eller vanlig
- ⅛ tesked mald ingefära
- ⅛ tesked mald gurkmeja
- ⅛ tesked mald svartpeppar valfritt

INSTRUKTIONER:
a) Tillsätt mango, yoghurt, kokosmjölk, kollagen, honung, olja och ingefära i en mixer.
b) Mixa på hög i 1 minut, eller tills den är silkeslen.
c) Garnera med ytterligare mango och ätbara blommor, om så önskas.

MELLANMÅL OCH APTITRETARE

12.Ätbara smörgåsar med blomte

INGREDIENSER:
- ½ kopp ätbara blommor som syren, pion, ringblomma, rosa, nejlika, ros och lavendel
- 4 uns mjukad färskost
- Tunt skivat mörkt bröd

INSTRUKTIONER:
a) Bryt upp blommorna och blanda dem med färskost.
b) Bred på bröd.

13. Fyllda Nasturtiums

INGREDIENSER:
- Nasturtium-blommor, cirka fyra per person, tvättas noggrant och torkas
- 8 uns färskost, rumstemperatur
- 1 vitlöksklyfta, finhackad
- ½ msk färsk gräslök
- 1 msk färsk citrontimjan eller citronbasilika, hackad

INSTRUKTIONER:
a) Blanda färskost ordentligt med örter.
b) Placera försiktigt 1-2 tsk av blandningen i mitten av blomman med en sked eller konditoripåse.
c) Kyla tills servering.

14.Nasturtium Räkförrättssallad

INGREDIENSER:
- 2 tsk färsk citronsaft
- ¼ kopp olivolja
- Salt och peppar
- 1 kopp kokta räkor, hackade
- 2 msk Finhackad lök
- 1 tomat i tärningar
- 1 avokado, tärnad
- Salladsblad
- 2 msk Hackade nasturtiumblad
- Nasturtium blommor

INSTRUKTIONER:
a) Vispa ihop citronsaft och olja. Krydda med salt och peppar.
b) Tillsätt löken och räkorna och blanda. Låt stå i 15 minuter.
c) Tillsätt tomat, avokado och hackade nasturtiumblad.
d) Högen på salladsblad och omslut med färska hela nasturtiumblommor.

15. Maskros Blomma Munk

INGREDIENSER:
- 1 kopp fullkornsvetemjöl
- 2 msk olivolja
- 2 tsk Bakpulver
- 1 kopp Maskros Blommor, ren och Osprutad
- 1 nypa salt
- 1 ägg
- Spray för vegetabilisk olja utan lager
- ½ kopp lågfettmjölk -eller- vatten

INSTRUKTIONER:
a) I en skål blanda ihop mjöl, bakpulver och salt. Vispa ägget i en separat skål och blanda det sedan med mjölk eller vatten och olivolja. Kombinera med den torra blandningen.
b) Rör försiktigt i gula blommor, var noga med att inte krossa dem. Spraya lätt en stekpanna eller stekpanna med vegetabilisk olja. Värm tills den är genomvärmd.
c) Häll smeten på grillen med sked och tillaga som pannkakor.

16.Majs & Ringblomma Munk

INGREDIENSER:
- 8 uns Sockermajskärnor
- 4 matskedar tung grädde
- 1 matsked Mjöl
- ½ tsk bakpulver
- Havssalt
- vitpeppar
- 1 msk ringblomma kronblad
- 1 msk solrosolja eller mer

INSTRUKTIONER:
a) Lägg majsen i en skål och häll över grädden. Sikta i mjöl och bakpulver och smaka av. Rör ner ringblommans kronblad.
b) Ställ en stor, tung stekpanna på hög värme och häll i oljan. Häll ner skedar av munkblandningen i oljan och stek tills de är gyllene på båda sidor, vänd en gång. Tryck till blandningen platt med en spatel för att ge en spetseffekt i kanterna.
c) Koka fritterna i klasar tills all blandning är slut, tillsätt mer olja i pannan om det behövs.
d) Servera varm med en het grön grönsak eller sallad och brynt bröd och smör.

17.Vårrullar för ätbara blommor

INGREDIENSER:
VÅRRULLAR
- 8 rädisor, skivade i strimlor
- 5 salladslökar, skivade i strimlor
- ½ gurka, skivad i strimlor
- ½ röd paprika, skivad i strimlor
- ½ gul paprika, skivad i strimlor
- 1 avokado, skivad i strimlor
- ½ kopp färska örter, grovt hackade
- ½ kopp ätbara blommor kvar hela
- 9 rispappersvårrullsomslag

SÅS
- 3 msk mandelsmör
- 1 msk sojasås
- 1 msk limejuice
- 1 matsked honung
- 1 tsk riven ingefära
- 1 matsked varmt vatten

INSTRUKTIONER:
a) Blanda alla ingredienser till såsen i en skål.
b) Fyll en grund skål med varmt vatten. Arbeta en i taget, lägg försiktigt ett rispapper i det heta vattnet i cirka 15 sekunder, eller tills det är mjukt och böjligt.
c) Flytta papperet till en fuktig yta.
d) Arbeta snabbt, stapla fyllningar på rispappret i en lång, smal rad, lämna cirka 2 tum på vardera sidan.
e) Vik sidorna av rispappret över högen och rulla sedan försiktigt.
f) Täck färdiga vårrullar i en fuktig pappershandduk tills de ska ätas.
g) Servera med mandelsmördippsås, eventuellt halverad för servering.

18. Acacia blomma munk

INGREDIENSER:

- ½ kopp vanligt mjöl
- ½ tesked bakpulver valfritt
- ½ kopp öl
- 10 akaciablommor nyplockade
- 1 msk farinsocker
- ½ citron
- vegetabilisk olja för stekning

INSTRUKTIONER:

a) Skaka och inspektera dina akaciablommor för att ta bort smuts eller små insekter.
b) Gör smeten genom att blanda mjöl och öl .
c) Vispa noggrant till en slät smet, du ska ha en rinnig, lite tjock smet.
d) Håll i stjälken och doppa blommorna i smeten och låt eventuellt överskott rinna av.
e) Hetta upp en stekpanna med tillräckligt med olja för att täcka botten.
f) Stek frittorna tills undersidan är gyllenbrun, vänd dem och upprepa.
g) Tillsätt mer olja om du behöver koka ytterligare en sats.
h) Bäst att ätas mycket snart efter tillagning.
i) Strö över farinsocker och en klick citron.

19.Getost Med Ätliga Blommor

INGREDIENSER:
- 4 uns av getost mjukad
- finrivet citronskal från 1 citron
- 2 tsk färska timjanblad
- färska timjanblad och kvistar till garnering
- ätbara blommor till garnering, valfritt
- honung för duggregn, valfritt
- kex för servering

INSTRUKTIONER:
a) Klä en skål eller ramekin med plastfolie.
b) Försök att ha så få rynkor som möjligt i plastfolien. Avsätta.
c) Kombinera mjuk getost, citronskal och timjankvistar i en skål och rör om.
d) Tillsätt getostblandningen i den förberedda skålen och, med hjälp av baksidan av en sked, packa ner blandningen för att bli av med eventuella luftfickor.
e) Dra överflödig plastfolie över ostblandningen och ställ i kylen i 30 minuter.
f) Ta ut ur kylen och vänd upp getostblandningen på en serveringsplats.
g) Ta bort plastfolien och garnera efter önskemål med färska timjanblad och/eller kvistar och/eller ätbara blommor och kronblad.
h) Servera med kex och en skål med honung för duggregn.

HUVUDRÄTT

20. Adobo Biff Sallad Med Hibiscus Salsa

INGREDIENSER:
- 1 matsked vegetabilisk olja
- 2 oxfiléer, rengjorda
- ½ kopp Adobo sås
- ½ kopp vitt vin
- ¼ kopp socker
- ½ kopp hibiskusblommor, torkade
- ½ kopp ingefära, skalad och tärnad
- Saften av 1 citron
- 2 msk valnötsolja
- 2 schalottenlök, tärnade
- 2 koppar aprikoser, tärnade
- 2 msk basilika, hackad
- 2 msk mynta, hackad
- 2 tsk havssalt
- 1 pund Blandade gröna, rengjorda
- 1 pund babygrönsaker, halverade i längd
- 3 basilikakvistar

INSTRUKTIONER:
ADOBO-SÅS
a) Blötlägg chilin i varmt vatten i 15 minuter och puré.
b) Marinera nötkött i adobosås och vegetabilisk olja och förvara kylt.

ATT GÖRA SALSA
c) Blanda vin, socker, hibiskus, ingefära och citron i en kastrull och låt koka upp.
d) Ställ åt sidan och låt dra i minst 15 minuter.
e) Sila genom en fin sil utan att pressa, tillsätt sedan valnötsolja, persikor, schalottenlök, basilika och mynta och smaka av med salt.
f) Avsätta.
g) I en sautépanna, vid hög värme, stek köttet i 45 sekunder till 1 minut på varje sida.
h) Fräs babygrönsaker med basilikakvistar i vegetabilisk olja i 2 minuter och avglasera pannan med 1 uns vinägrett.
i) Dela grönt i mitten av varje tallrik, lägg nötkött ovanpå och skeda grönsaker och salsa runt nötkött och grönt.

21.Blandad Blomma Och Ost Ravioli

INGREDIENSER:
- 12 Wonton-skinn
- 1 uppvispat ägg för att täta raviolin
- 1 kopp Blandade blomblad
- ⅓ kopp ricottaost
- ⅓ kopp mascarponeost
- 4 matskedar hackad basilika
- 1 msk hackad gräslök
- 1 tsk hackad koriander
- ⅓ kopp Mjukt vete brett, smulat
- 1½ tsk salt
- ½ tesked röd chilipasta
- 12 hela penséer

INSTRUKTIONER:
a) Blanda alla ingredienser, utom hela penséer. För att förbereda, lägg wontonskinn platt på en yta.
b) Lägg 1 ½ tesked fyllning i mitten av wontonskinnet, toppa med 1 hel pensé.
c) Fukta kanterna med uppvispat ägg och täck med ett annat wontonskinn.
d) Koka genom att koka i vatten eller grönsaksfond i cirka 1½ minut.
e) Servera i en skål med tomat-basilikabuljong.

22.Maskros Lasagne

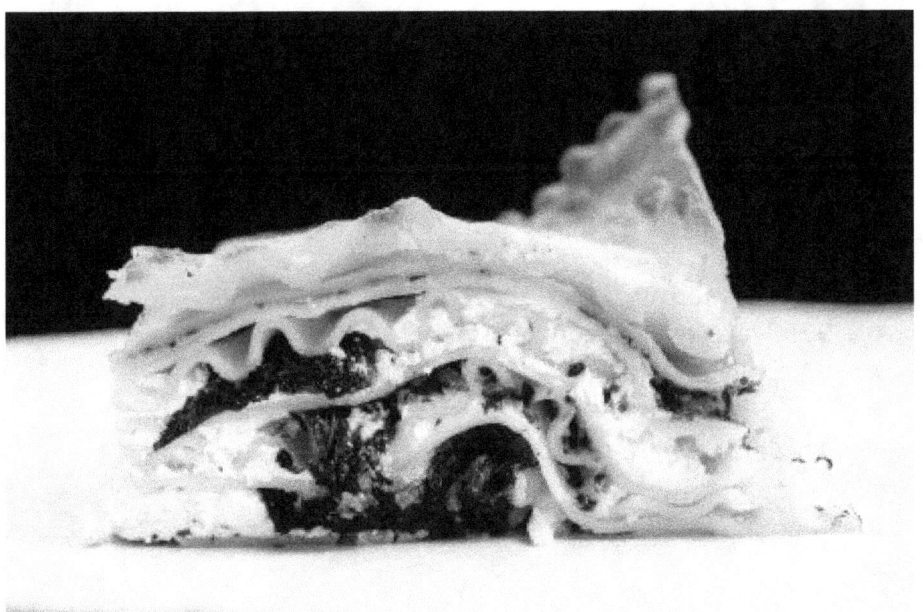

INGREDIENSER:
- 2 liter vatten
- 2 pund maskrosblad
- 2 vitlöksklyftor
- 3 msk hackad persilja, delad
- 1 msk basilika
- 1 tsk oregano
- ½ kopp vetegroddar
- 3 dl tomatsås
- 6 uns tomatpuré
- 9 Helvete lasagnenudlar
- 1 tsk olivolja
- 1 pund ricottaost
- 1 skvätt cayennepeppar
- ½ kopp parmesanost, riven
- ½ pund mozzarellaost, skivad

INSTRUKTIONER:
a) Koka upp vatten, tillsätt maskrosor och koka tills de är mjuka. Ta bort maskrosor med en hålslev och spara vatten.
b) Placera maskrosor i en mixer med vitlök och 1 matsked persilja, basilika och oregano.
c) Blanda noggrant, men var noga med att inte bli flytande.
d) Tillsätt vetegroddar, två koppar tomatsås och tomatpuré.
e) Blanda precis tillräckligt för att blanda ordentligt och spara blandningen.
f) Koka upp vattnet igen. Tillsätt lasagne och olivolja. Koka al dente. Töm och reservera.
g) Blanda ricottaost, cayenne och de återstående 2 matskedarna. persilja, reservera.
h) Smöra lätt botten av en 9 x 13" bakplåt.
i) Placera 3 lasagnenudlar sida vid sida som ett första lager. Täck med ⅓ av maskrossåsen, sedan ½ av ricottaosten.
j) Skaka lite parmesanost över ricottan och täck den med ett lager mozzarellaskivor. Upprepa.
k) Varva de sista 3 lasagnenudlarna och den sista ⅓ av maskrossåsen. Täck med återstående parmesan och mozzarella och en kopp tomatsås.
l) Grädda vid 375 F. i 30 minuter.

23.Lamm Och Portulak Med Kikärter

INGREDIENSER:
- 3 matskedar olivolja
- 1 lök, tärnad
- 1 msk Mald koriander
- ½ msk Mald spiskummin
- 1 kilo magert lamm, i tärningar
- 1 ½ msk tomatpuré
- 30 gram röd paprikapasta
- ½ kopp gröna linser, blötlagda över natten
- ¾ kopp kikärter, blötlagda över natten
- ½ kopp svartögda ärtor, blötlagda över natten
- ½ kopp grov bulgar
- 4 vitlöksklyftor, hackade
- 4 dl grönsaksfond
- 1 kilo portlak, vattenkrasse eller silverbetor, tvättad och grovt hackad
- Havssalt efter smak
- 2 citroner, endast juice
- 4 matskedar olivolja
- 1 tsk chiliflakes
- 2 tsk torkad mynta

INSTRUKTIONER:
a) Värm olivoljan tills den ryker, tillsätt sedan löken och fräs tills den är gyllene.
b) Tillsätt koriander och spiskummin och blanda kort med löken tills det doftar, tillsätt sedan lammet och koka på hög värme tills köttet är genomstekt på utsidan, ca 5 minuter.
c) Tillsätt linser, kikärter och svartögda ärtor och låt sjuda grytan i 25 minuter.
d) Tillsätt vitlök och bulgar och blanda väl, tillsätt 2 dl vatten och fortsätt sedan sjuda i cirka 20 minuter.
e) Krydda efter smak och tillsätt de hackade grönsakerna och blanda väl så att grönsakerna vissnar, koka i ytterligare två minuter.
f) För att göra den smaksatta oljan, värm oljan med chiliflakes och mynta tills oljan börjar fräsa.
g) För att servera, dela grytan mellan rätter och ringla ungefär en matsked av den heta oljan över toppen.

24. Foliebakad fisk med mexikansk myntablomma

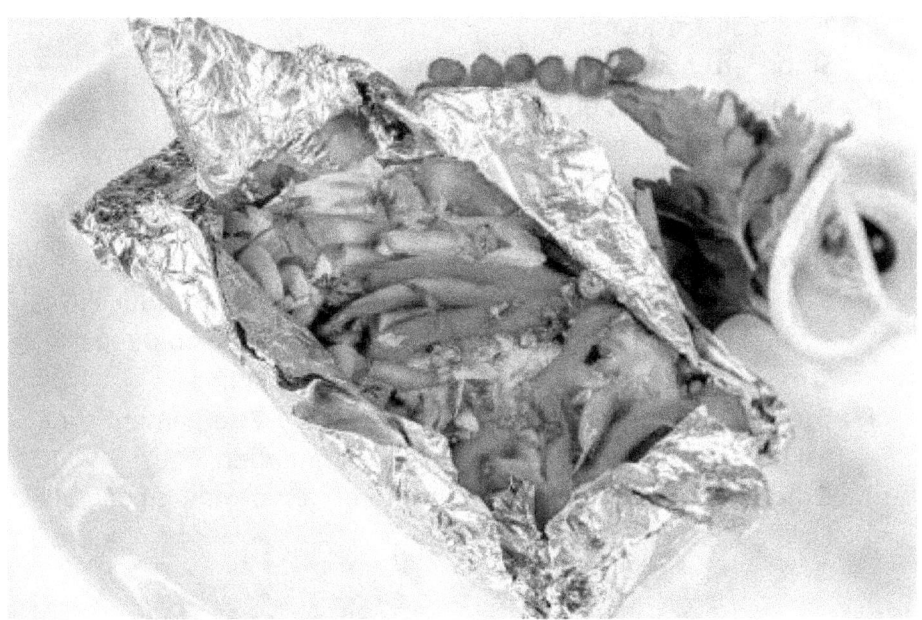

INGREDIENSER:
- 1 pund Färska fiskfiléer
- Tunna citronskivor
- Smör, efter smak
- Salta och peppra, efter smak
- 1 kopp hackad mexikansk mynta ringblomma blad

INSTRUKTIONER:
a) Lägg fiskfiléer på en bit smörad aluminiumfolie eller pergament.
b) Skär filéerna med 2-tums mellanrum och lägg i en tunn skiva citron i varje snitt. Pricka fisken med smör, salt och peppar och strö sedan över mexikanska myntblommablad.
c) Dubbelvik kanterna på folien för att täta, vik pergament runt fisken, bokstavsstil, vänd sedan ändarna under.
d) Grädda paketet i högst 20 minuter i en förvärmd ugn på 350 F.
e) Fisken är färdig när den lätt flagnar.

25.Fjärilar Med Grönsaker Och Lavendel

INGREDIENSER:

- ½ pund pasta, som Fjärilar, orecchiette eller gemelli
- 2 eller 3 vitlöksklyftor, tunna skivor eller krossade
- 2 zucchini eller sommarsquash, putsade
- 2 morötter, skalade och putsade
- 1 paprika, urkärnad
- 3 matskedar extra virgin olivolja
- 1 tsk färska eller torkade lavendelblommor, plus ytterligare för garnering
- Salt och nymalen svartpeppar

INSTRUKTIONER:

a) Koka upp en kastrull med vatten och salta. Tillsätt pastan och koka tills den är al dente.
b) Skiva under tiden grönsakerna tunt med hjälp av en matberedare, mandolin eller kniv.
c) Häll olivoljan i en ouppvärmd stekpanna och tillsätt vitlöken.
d) Koka vitlöken tills den börjar bli gyllene, rör om då och då.
e) När vitlöken blir gyllene, tillsätt grönsakerna. Strö över salt och peppar och tillsätt lavendeln, krossa blommorna i fingertopparna för att frigöra doften.
f) Koka, rör om ibland, tills grönsakerna knappt mjuknar, bara 5 minuter eller så.
g) Förhoppningsvis är pastan nästan färdig precis som grönsakerna nästan är färdiga.
h) Häll av pastan, spara lite kokvatten.
i) Tillsätt pasta till grönsakerna och fortsätt koka, tillsätt vatten efter behov för att hålla blandningen fuktig.
j) När pasta och grönsaker är möra men inte mosiga, justera krydda för salt och peppar.
k) Garnera med ett par lavendelblommor.

26. Brännnässlor Pasta Med Vegansk Parmesan

INGREDIENSER:

- ½ pund pasta
- 2,5 uns färska brännässlor blad och tips
- 3 matskedar olivolja
- 3 vitlöksklyftor, hackade
- 1 lök, tärnad
- 1 tsk torkad persilja
- ½ tsk torkad timjan
- ½ tsk torkad basilika
- 1/3 kopp kronärtskockshjärtan, hackad
- ½ kopp vegansk parmesanost, riven
- Salta och peppra, efter smak
- Valfritt: 1 dl violetta blommor eller vitlökssenapsblommor

INSTRUKTIONER:

a) Koka upp en kastrull med vatten, salta och tillsätt pasta. Ca 1 minut innan din pasta är helt genomkokt, tillsätt brännässlorna i vattnet.

b) Hetta upp oljan i en stekpanna, tillsätt vitlök och lök och låt koka i cirka 5 minuter. Om vitlöken börjar få färg snabbt, sänk värmen. Rör ner kryddorna.

c) Innan du dränerar nudlarna och nässlorna, ta ¼ kopp av pastavattnet och lägg till i stekpannan med löken.

d) Låt sedan pastan och nässlorna rinna av och lägg i kastrullen, tillsammans med kronärtskockshjärtan som slungas över. Sänk värmen och tillsätt den veganska parmesanen, rör om igen, tills osten smält och täcker nudlarna.

e) Ta nudlarna från värmen och garnera dem med ätbara blommor.

27.Vintergrönsaker Och Gnocchi

INGREDIENSER:
- 12-ounce paket med förhackad färsk butternut squash
- 8 uns cremini svamp, halverad
- 1 kopp fryst pärllök, tinad
- 2 matskedar extra virgin olivolja
- 1½ tsk kosher salt
- ¼ tesked svartpeppar
- 16-ounce paket med potatisgnocchi
- 2 msk saltat smör, mjukat
- 2 uns Parmigiano-Reggiano ost, strimlad, delad
- Hackad färsk platt bladpersilja

INSTRUKTIONER:
a) Värm ugnen till 450 ° F, lämna pannan i ugnen medan den förvärms.
b) Blanda samman butternut squash, svamp, pärllök, olivolja, salt och peppar.
c) Häll grönsaksblandningen i en lätt smord ugnsform.
d) Grädda grönsaksblandningen tills squashen är mjuk och brynt ca 20 minuter.
e) Förbered gnocchin enligt anvisningarna på förpackningen, reservera 1 kopp av kokvattnet.
f) Ta bort grönsaksblandningen från ugnen. Rör ner gnocchin och det mjukade smöret.
g) Tillsätt gradvis upp till 1 kopp av det reserverade kokvattnet, ¼ kopp i taget, rör om tills en lite tjock sås börjar bildas.
h) Rör ner ¼ kopp av den rivna osten.
i) Toppa med resterande ¼ kopp ost.
j) Fördela grönsaks- och dumplingsblandningen jämnt mellan 4 skålar.
k) Garnera med hackad persilja, om så önskas, och servera omedelbart.

SOPPAR

28.Gurkörtblad & vetegrässoppa

INGREDIENSER:
- 1 msk osaltat smör
- 125 g vårlök, grovt hackad
- 200 g gurkörtsblad, strimlad
- 125 g färska ärtor
- 1 l kyckling- eller grönsaksfond
- 4 kvistar färsk trädgård min t
- Havssalt och svartpeppar
- Extra virgin olivolja

ATT TJÄNA:
- 6 matskedar stekt potatis med inlagda vildvitlöksblomknoppar
- 4 mjukpocherade kycklingägg
- En handfull gurkörtsblommor
- En handfull vetegräsmikro
- Några ärtor, råa och nystekta

INSTRUKTIONER:
a) Smält smöret i en kastrull på låg värme och koka försiktigt vårlöken i cirka fem minuter, eller tills den är mjuk.
b) Tillsätt ärtorna och låt puttra ytterligare en minut innan du tillsätter de strimlade gurkörtsbladen.
c) Häll i fonden och höj värmen för att bibehålla en svag sjud.
d) När fonden sjuder, tillsätt myntabladen och koka i ytterligare fem minuter, eller tills grönsakerna är mjuka men smakerna fortfarande är levande.
e) Salta och peppra efter smak, mosa sedan soppan i en mixer tills den är slät.
f) Servera genast med knaprigt bröd.

29. Squash Blommasoppa

INGREDIENSER:
- 6 matskedar osaltat smör
- 2 lökar, skivade
- 1 tsk salt, eller mer efter smak
- ½ tesked Nymalen svartpeppar
- 3 vitlöksklyftor, skivade
- 2 liter grönsaksfond
- 1 pund zucchini eller andra squashblommor
- Hälften och hälften
- ½ kopp riven anejoost
- 1 lime, skär 6 eller 8 klyftor

INSTRUKTIONER:
a) Smält smöret på medelvärme i en kastrull.
b) Fräs löken med saltet i ca 5 minuter.
c) Tillsätt vitlöken och koka i 1 till 2 minuter längre. Häll i grönsaksbuljongen eller vattnet.
d) Koka upp, låt sjuda och koka i 10 till 12 minuter. Rör sedan ner blommorna och koka i 5 minuter längre.
e) Överför till en mixer eller matberedare och puré tills den är slät.
f) Sikta genom en sil tillbaka i soppgrytan.
g) Häll i halv-och-halva och låt koka upp igen.
h) Smaka av med salt och peppar.
i) Servera varm, garnerad med ost och limeklyftor.

30.Körvel Nasturtium Soppa

INGREDIENSER:
- 2 liter, vatten
- Salt
- 2 koppar färsk körvel
- 1 kopp Nasturtium blad
- 1 kopp vattenkrasseblad
- 1 pund potatis skalad och delad i fjärdedelar
- 1 kopp tung grädde
- 1 msk smör

INSTRUKTIONER:
a) Koka upp vattnet på hög värme i en kastrull.
b) Tillsätt salt, sänk värmen och tillsätt körvel, nasturtium och vattenkrasseblad och potatis.
c) Sjud försiktigt i 1 timme.
d) Mosa soppan i en matberedare eller mixer i flera omgångar.
e) Strax före servering, rör ner grädden och, om soppan har svalnat, värm upp försiktigt. Lägg smöret i botten på en terrin och häll den varma soppan över.
f) Garnera med nasturtiumblad, om så önskas.

31.Asiatisk krysantemumskål

INGREDIENSER:
- 2 liter kycklingbuljong
- ¾ matsked sesamolja
- 2 tsk salt
- 4 uns böntrådar cellofan nudlar
- 1 Kålhuvud, strimlad
- 1 pund spenat, färsk
- 2 benfria kycklingbröst
- 8 uns kycklinglever
- 8 uns fläskfilé
- 8 uns av fast vit fisk
- 8 uns räkor
- 1 kopp ostron
- 3 matskedar sojasås
- 2 msk sherry
- 2 stora krysantemum

INSTRUKTIONER:
a) Skiva allt kött och grönsaker på kinesiskt sätt.
b) Koka upp kycklingfond, olja och salt i en serveringsgryta.
c) Ordna nudlar och alla råvaror snyggt på ett fat.
d) Tillsätt sherry och soja till den bubblande buljongen.
e) Förse gästerna med ätpinnar och serveringsskålar. bjud in gästerna att lägga till råvarorna i buljongen.
f) Låt koka tills fisk och räkor är ogenomskinliga.
g) Strax innan gästerna serverar sig själva från grytan, strö blad från krysantemum ovanpå den bubblande soppan.
h) Servera soppan i skålar.

32.Svart bönsoppa & gräslökblomma s

INGREDIENSER:
- 1 pund torkade svarta bönor
- 1 st osaltat smör
- 1 kopp Finhackad vildlök
- 3 vitlöksklyftor, skalade och
- 4 majstortillas
- 1 kopp solrosolja
- ½ kopp Grovmalet blått majsmjöl krossat
- 1 tsk salt
- ¼ tesked svartpeppar
- 10 koppar vatten
- Lila gräslök, hackad gräslök och gräddfil till garnering

INSTRUKTIONER:
a) Blötlägg bönorna över natten i vatten för att täcka dem. Nästa dag, häll av bönorna.
b) Smält smöret i en kastrull.
c) Tillsätt vildlöken och fräs tills den är genomskinlig, cirka 3 minuter.
d) Tillsätt vitlöken, fräs i 1 minut till och tillsätt de avrunna bönorna, salt, peppar och 4 dl vatten.
e) Koka upp på hög värme, sänk sedan värmen och låt sjuda under lock i 30 minuter, rör om då och då för att undvika att bönorna bränns.
f) Tillsätt ytterligare 4 koppar vatten och koka utan lock i ytterligare 30 minuter, under omrörning då och då.
g) Tillsätt de återstående 2 kopparna vatten och koka 20 minuter, tills bönorna är mjuka men fortfarande fasta. Medan bönorna kokar förbereder du tortillachipsen.
h) Stapla tortillorna på en arbetsyta. Skär de runda tortillorna i 3 sammankopplade trianglar med en vass kniv.
i) Hetta upp oljan i en stekpanna tills den är väldigt varm men inte ryker.
j) Lägg försiktigt varje tortillatriangel i oljan.
k) Låt tortillorna koka i 30 sekunder och vänd på tortillorna med en gaffel och upprepa sedan processen med de återstående tortillorna.
l) Ta bort chipsen från oljan och doppa ett hörn av varje chips i det blå majsmjölet.
m) Lägg på en pappershandduk för att rinna av överflödig olja.
n) Garnera soppan med chips, lila gräslök och hackad gräslök.
o) Servera varm med gräddfil vid sidan av.

33.Nasturtium salladssoppa

INGREDIENSER:
- 1 cos sallad eller romainesallat
- 25 g nasturtiums blommor och blad
- 25 g smör
- 1 st selleri hackad
- 1 hackad lök
- 1 hackad vitlöksklyfta
- 500 ml grönsaksfond eller kycklingfond
- 1 potatis skalad och hackad
- 100 ml mandelmjölk eller annan valfri mjölk
- Salta och peppra efter smak

INSTRUKTIONER:
a) Hacka sallad och nasturtium och ställ åt sidan.
b) Smält smör i en kastrull och stek löken och sellerin i 5 minuter, tillsätt sedan vitlöken och koka i ytterligare 2 minuter.
c) Tillsätt hackad sallad, nasturtium, potatis och fond och låt sjuda i 20 minuter.
d) Vispa med en stavmixer och tillsätt mjölk och krydda.
e) Servera antingen varm eller kall och garnerad med finhackade nasturtiumblommor och kronblad ovanpå.

34. Fänkålssoppa Med Ätliga Blommor

INGREDIENSER:
- 2 schalottenlök, fint hackade
- 2 vitlöksklyftor, hackade
- 3 fänkål, tärnad och tärnad
- 200 gram stärkelsehaltig potatis
- 2 matskedar olivolja
- 800 milliliter grönsaksbuljong
- 100 milliliter vispad grädde
- 2 msk Crème fraiche
- 2 centiliter Vermouth
- salt
- nymalen paprika
- 2 msk persilja, hackad
- Gurkörtsblomma till garnering

INSTRUKTIONER:
a) Finhacka hälften av fänkålsbladen och lägg resten av bladen åt sidan.
b) Skala och tärna potatisen.
c) Hetta upp oljan i en panna och fräs schalottenlök och vitlök.
d) Tillsätt fänkålen och fräs en kort stund. Tillsätt buljong och potatis och låt koka upp.
e) Sänk värmen till låg och låt sjuda i 20-25 minuter.
f) Purea soppan och tillsätt sedan grädden, creme fraiche, persilja och hackade fänkålsblad.
g) Tillsätt vermouthen och smaka av med salt och peppar.
h) Häll upp soppan i skålar, garnera med resterande fänkålsblad och gurkört och servera.

35.Grön ärtsoppa med gräslökblommor

INGREDIENSER:
- 1 msk extra virgin olivolja
- 2 tjocka skivor fullkornsrågbröd i tärningar
- Havssalt och nymalen peppar
- Färsk gräslök med blommor till garnering
- 2 ¾ dl grönsaksfond
- 10 uns färska eller frysta ärtor
- ¼ tesked wasabipulver eller pasta
- ¾ kopp helfet yoghurt
- Efterbehandlingsolja för duggregn

INSTRUKTIONER:
a) Hetta upp olivoljan i en stekpanna.
b) Kasta brödtärningarna i oljan, vänd med en tång eller en värmesäker spatel för att rosta på alla sidor, i cirka 4 minuter. Krydda med salt och peppar.
c) Överför till en tallrik för att svalna.
d) Dra ut gräslöken från gräslöken och hacka de gröna skotten.
e) Värm fonden i en soppgryta på hög värme tills den sjuder. Tillsätt ärtorna och koka tills de är ljust gröna och precis kokta i 8 till 10 minuter.
f) Ta bort från värmen och använd en stavmixer eller överför soppan till en mixer i omgångar för att bearbeta tills den är slät, cirka 3 minuter.
g) Tillsätt wasabin och smaka av med salt och peppar. Tillsätt yoghurten och bearbeta tills den är slät och lätt krämig, 2 till 3 minuter.
h) Återgå till grytan och håll varmt på låg låga tills du ska servera.
i) Häll soppan i skålar, toppa med krutonger och ringla över olivolja.
j) Krydda med peppar och strö över den hackade gräslöken och dess blommor generöst över toppen. Servera varm.

36. Vichyssoise Med Gurkört Blommor

INGREDIENSER:
- 6 Purjolök, rensad, toppar putsade
- 4 matskedar smör
- 4 dl kyckling- eller grönsaksbuljong
- 3 potatisar, tärnade
- 2 msk Hackade gurkörtsblad
- 1 kopp gräddfil
- Salt och peppar
- Muskot

INSTRUKTIONER:
a) Skiva purjolöken i tunna skivor.
b) Smält smör i en kastrull, tillsätt purjolök och fräs på medelvärme tills det är mjukt.
c) Tillsätt buljong, potatis och gräslök.
d) Koka upp och låt sjuda under lock i 35 minuter eller tills potatisen är mjuk. Anstränga.
e) Puré grönsaker i en matberedare. Kombinera puré och buljong och kyl.
f) Precis innan servering, rör ner gräddfil.
g) Smaka av med salt, peppar och muskotnöt och garnera med gurkörtsblommor.

SALADER

37.Regnbågssallad

INGREDIENSER:
- 5-ounce paket med smörhuvudssallat
- 5-ounce paket ruccola
- 5-ounce förpackning med Mikrogrönt
- 1 tunt skivad vattenmelonrädisa
- 1 tunt skivad lila rädisa
- 1 tunt skivad grön rädisa
- 3 regnbågsmorötter, rakade till band
- 1/2 kopp tunt skivade snapsärtor
- 1/4 kopp rödkål, strimlad
- 2 schalottenlök, skurna i ringar
- 2 blodapelsiner, segmenterade
- 1/2 kopp blodapelsinjuice
- 1/2 kopp extra virgin olivolja
- 1 msk rödvinsvinäger
- 1 msk torkad oregano
- 1 matsked honung
- Salta och peppra, efter smak
- för garnering ätbara blommor

INSTRUKTIONER:
a) Blanda olivolja, rödvinsvinäger och oregano i en behållare. Tillsätt schalottenlök och låt marinera i minst 2 timmar på bänken.
b) Ställ schalottenlöken åt sidan.
c) I en burk, vispa samman apelsinjuice, olivolja, honung och en touch av salt och peppar tills den är tjock och slät. Krydda med salt och peppar efter smak.
d) Kasta Mikrogrönt, sallad och ruccola med cirka ¼ kopp av vinägretten i en mycket blandningsskål.
e) Kasta ihop hälften av rädisorna, morötterna, ärtorna, schalottenlöken och apelsinsegmenten.
f) Montera allt i ett färgglatt mönster.
g) Lägg till extra vinägrett och ätbara blommor för att avsluta.

38.Mikrogrönt Och Snöärtssallad

INGREDIENSER:
VINÄGRETT
- 1 ½ dl tärnade jordgubbar
- 2 msk vit balsamvinäger
- 1 tsk ren lönnsirap
- 2 tsk limejuice
- 3 matskedar olivolja

SALLAD
- 6 uns mikrogrönsaker och/eller salladsgrönsaker
- 12 snöärtor, tunt skivade
- 2 rädisor, tunt skivade
- Halverade jordgubbar, ätbara blommor och färska örtkvistar, till garnering

INSTRUKTIONER:
a) För att göra vinägretten, vispa ihop jordgubbar, vinäger och lönnsirap i en blandningsform. Sila av vätskan och tillsätt limejuice och olja.
b) Krydda med salt och peppar.
c) För att göra salladen, kombinera Mikrogrönt, snöärtor, rädisor, sparade jordgubbar och ¼ kopp vinägrett i en mixerskål.
d) Lägg till halverade jordgubbar, ätbara blommor och färska örtkvistar som garnering.

39.Nasturtium Och Druvsallad

INGREDIENSER:
- 1 röd salladshuvud
- 1 kopp kärnfria druvor
- 8 Nasturtium blad
- 16 Nasturtium blommar

VINÄGRETT:
- 3 matskedar salladsolja
- 1 msk vitvinsvinäger
- 1½ tsk dijonsenap
- 1 nypa svartpeppar

INSTRUKTIONER:
a) På var och en av de fyra tallrikarna, arrangera 5 röda salladsblad, ¼ kopp vindruvor, 2 nasturtiumblad & 4 nasturtiumblommor.
b) Vispa ihop alla vinägrettingredienser i en skål.
c) Ringla dressingen lika över varje sallad.
d) Servera omedelbart.

40. Sommarsallad med tofu och ätbara blommor

INGREDIENSER:
FÖR SOMMARSALADEN:
- 2 huvuden smörsallat
- 1 pund lammsallat
- 2 gyllene kiwi använder grönt om gyllene inte är tillgängligt
- 1 näve ätbara blommor valfritt - jag använde nattljus från min trädgård
- 1 näve valnötter
- 2 tsk solrosfrön valfritt
- 1 citron

FÖR TOFU-FETA:
- 1 block tofu använde jag extra fast
- 2 msk äppelcidervinäger
- 2 matskedar färsk citronsaft
- 2 msk vitlökspulver
- 2 matskedar lökpulver
- 1 tsk dill färsk eller torr
- 1 nypa salt

INSTRUKTIONER:
a) Skär den extra fasta tofun i tärningar i en skål, tillsätt alla övriga ingredienser och mosa med en gaffel.
b) Lägg i en försluten behållare och förvara i kylen ett par timmar.
c) För att servera, arrangera de större bladen på botten av din stora skål: smörsallaten och lammsallaten ovanpå.
d) Skiva kiwi och lägg dem ovanpå salladsbladen.
e) Strö några valnötter och solrosfrön i skålen.
f) Plocka och noggrant dina ätbara blommor. Lägg dem försiktigt runt din sallad.
g) Ta ut tofufetan ur kylen, vid det här laget ska du kunna skära i den/smula ner den. Lägg några stora bitar runt om.
h) Juice en halv citron överallt och lägg den andra halvan till bordet för att tillsätta lite.

41. Potatis Och Nasturtium Sallad

INGREDIENSER:

- 6 färskpotatis, jämn storlek
- 1 msk havssalt
- 3 koppar Nasturtium skott, de mycket ömma
- Unga blad och stjälkar, löst packade
- ½ kopp hackad dillgurka
- 2 msk inlagda nasturtiumknoppar eller kapris
- 1 vitlöksklyfta, finhackad
- 5 matskedar extra virgin olivolja
- ¼ kopp rödvinsvinäger
- Nymalen svartpeppar, efter smak
- 2 msk italiensk persilja, finhackad
- 1 Hand Nasturtium kronblad
- 1 hel Nasturtium blomma och blad, till garnering

INSTRUKTIONER:

a) Placera potatis i pannan och täck med vatten med cirka 2 tum tillsammans med 1 matsked havssalt. Täck över och låt koka upp.
b) Avtäck pannan och låt sjuda under kraftigt i cirka 20 minuter, eller tills potatisen är precis mjuk.
c) Häll av potatisen och låt svalna.
d) När den är tillräckligt kall för att hantera, skala potatisen och skär den i snygga tärningar.
e) Överför potatisen till en skål.
f) Hacka nasturtiumblad och mjuka stjälkar och lägg i skålen tillsammans med dillgurka, nasturtiumknoppar och vitlök.
g) Tillsätt olivolja, vinäger, salt och peppar efter smak.
h) Kasta försiktigt, se till att inte krossa potatisen.
i) Höj potatissallad på en gammaldags serveringsfat och strö hackad persilja över.
j) Skär kronbladen i strimlor och strö över salladen. Garnera med hela blommor och blad.

42. Maskros Och Chorizosallad

INGREDIENSER:
- En salladsskål med unga maskrosblad
- 2 skivor Bröd, skivat
- 4 matskedar olivolja
- 150 gram Chorizo, tjockt skivad
- 2 vitlöksklyftor, hackade
- 1 msk rödvinsvinäger
- Salt och peppar

INSTRUKTIONER:
a) Plocka över maskrosbladen, skölj och torka i en ren kökshandduk. Lägg i en serveringsskål.
b) Skär skorpor från brödet och skär det i tärningar. Hetta upp hälften av olivoljan i en stekpanna.
c) Stek krutongerna på måttlig värme, vänd ofta, tills de fått ganska jämn färg.
d) Låt rinna av på hushållspapper. Torka av pannan och tillsätt den återstående oljan. Stek chorizo eller lardon på hög värme tills de fått färg.
e) Tillsätt vitlöken och fräs ytterligare några sekunder, dra sedan av värmen. Ta bort chorizon med en hålslev och strö över salladen.
f) Låt kastrullen svalna en minut, rör ner vinägern och häll allt över salladen.
g) Strö över krutongerna, smaka av med salt och peppar, rör om och servera.

43. Gurkört & Gurkor I Gräddfilsdressing

INGREDIENSER:
- 3 Långa gurkor
- Salt
- ½ pint gräddfil
- 2 msk risvinäger
- ½ tsk sellerifrö
- ¼ kopp hackad salladslök
- 1 tsk socker
- Salt och peppar
- ¼ kopp Unga gurkörtsblad, finhackade

INSTRUKTIONER:
a) Tvätta, kärna ur och skiva gurkan tunt.
b) Salta lätt och låt stå i ett durkslag i 30 minuter för att rinna av. Skölj och klappa torrt.
c) Blanda resten av ingredienserna, smaka av med salt och peppar.
d) Tillsätt gurka och rör om lätt.
e) Garnera med gurkörtsblommor eller gräslök.

44.Rödkål med krysantemum s

INGREDIENSER:
- 1 rödkål, urkärnad & tunt
- ¼ kopp smör
- 1 lök, skivad i ringar
- 2 stora äpplen, skalade, urkärnade, tunt skivade
- 2 matskedar Gula krysantemumblad
- 2 matskedar Farinsocker
- Kallt vatten
- 4 matskedar rödvinsvinäger
- Havssalt
- Peppar
- Smör
- Färska kronblad av krysantemum

INSTRUKTIONER:
a) Blanchera rödkålen i kokande vatten i 1 minut.
b) Låt rinna av, fräscha upp och ställ åt sidan. Hetta upp smöret i en stekpanna, lägg i lökringarna och låt svettas i 4 minuter tills det är mjukt.
c) Rör ner äppelskivorna och koka i ytterligare 1 minut.
d) Lägg kålen i en djup flamsäker gryta med tättslutande lock.
e) Blanda i löken, äpplena och krysantemumbladen och vänd alla ingredienser så att de blir väl belagda med smöret.
f) Strö över sockret och häll i vatten och vinäger. Krydda lätt.
g) Tillaga på låg värme, eller i ugnen på 325F/170/gas 3 i 1½ - 2 timmar, tills kålen är mjuk.
h) Precis innan servering, lägg i en rejäl klick smör och några färska krysantemumblad.

45. Sparris sallad

INGREDIENSER:
SPARRISSALLAD
- 1 knippe sparris
- 5 rädisor, tunt skivade
- 3 salladslökar, bara skivade gröna toppar
- citronskal från en citron

CITRONVINAIGRETT
- ¼ kopp citronsaft
- 2 matskedar lätt olivolja
- 2 tsk socker
- salt och peppar efter smak

GARNERING
- Citronskivor
- Ekologiska gula penséer

INSTRUKTIONER:
a) Börja koka vatten för att ånga sparrisen.
b) Förbered en skål med isvatten för att chocka sparrisen när den är kokt.
c) Ångkoka sparrisen i 5 minuter, eller tills den är mjuk men fortfarande knaprig.
d) Chocka sparrisen i isvatten och skär sedan sparrisen i 2-tums bitar.

CITRONVINAIGRETT
e) Blanda citronsaften och sockret och låt stå tills sockret lösts upp.
f) Tillsätt oljan och smaka av med salt och peppar.

SPARRISSALLAD
g) Om du har tid, marinera sparrisen i dressingen i 30 minuter.
h) Tillsätt rädisor och salladslök och rör om.
i) Garnera med citronskivor och färska penséer och servera genast.

46. Pensésallad

INGREDIENSER:
- 6 koppar baby ruccola
- 1 äpple, mycket tunt skivat
- 1 morot
- ¼ rödlök, mycket tunt skivad
- en handfull olika färska örter som basilika, oregano, timjan, bara blad
- 2 uns krämig getost, använd krossade pistagenötter för vegan
- Penséer, stjälken borttagen

VINÄGRETT
- ¼ kopp blodapelsin
- 3 matskedar olivolja
- 3 matskedar champagnevinäger
- nypa salt

INSTRUKTIONER:
a) Vispa ihop vinägretten, anpassa någon av ingredienserna efter din smak.
b) Lägg grönsakerna i en bred salladsskål.
c) Skala och raka moroten i tunna strimlor med hjälp av en grönsaksskalare.
d) Lägg till det gröna tillsammans med äppelskivorna, löken och örterna.
e) Blanda med dressingen och garnera salladen med smulor av getost och penséer.
f) Servera omedelbart.

47.Grön Sallad Med Ätliga Blommor

INGREDIENSER:
- 1 tsk rödvinsvinäger
- 1 tsk dijonsenap
- 3 matskedar extra virgin olivolja
- Grovt salt och nymalen peppar
- 5 ½ uns mjuka babysalladsgrönsaker
- 1 paket oprayade violor eller andra ätbara blommor

INSTRUKTIONER:
a) Blanda vinäger och senap i en skål.
b) Vispa gradvis i olja, krydda sedan dressingen med salt och peppar.
c) Kasta dressingen med grönt och toppa med blommor. Servera omedelbart.

KRYDDER OCH GARNIER

48. Nasturtium Pesto

INGREDIENSER:

- 50 nasturtiumblad
- ¼ kopp pistagenötter, rostade
- ½ kopp olivolja
- ½ kopp parmesanost
- 1 nypa röd peppar
- salt och peppar efter smak

INSTRUKTIONER:

a) Tvätta nasturtiumbladen och skaka dem torra.
b) Fyll din matberedare upp ¾ av vägen, löst, med blad.
c) Mixa tills de är hackade. Tillsätt fler blad och blanda.
d) Fortsätt så tills alla blad är blandade.
e) Tillsätt pistagenötterna och mixa tills de är finhackade.
f) Tillsätt osten, röd paprika och hälften av oljan. Blandning.
g) Tillsätt mer olja tills det är önskad konsistens.

49. Jordgubbs lavendelsylt

INGREDIENSER:
- 1 pund jordgubbar
- 1 pund socker
- 24 lavendelstjälkar
- 2 citroner, saft av

INSTRUKTIONER:
a) Tvätta, torka och skala jordgubbarna.
b) Lägg dem i en skål med sockret och 1 dussin av lavendelstjälkarna och ställ dem svalt över natten.
c) Kasta lavendeln och lägg bärblandningen i en kastrull utan aluminium.
d) Bind ihop de återstående lavendelstjälkarna och lägg dem i bären.
e) Tillsätt citronsaften.
f) Koka upp och låt sjuda i 25 minuter.
g) Skumma eventuellt skum från toppen. Släng lavendeln och häll upp sylten i steriliserade burkar. Täta.

50.Kaprifolsirap

INGREDIENSER:
- 4 pund Färska kaprifolblad
- 8 pints Kokande vatten
- Socker

INSTRUKTIONER:
a) Infundera kronbladen i vatten i 12 timmar.
b) Ställ åt sidan i några timmar.
c) Dekantera och tillsätt dubbelt så mycket socker och gör en sirap.

51.Violett honung

INGREDIENSER:
- ½ kopp Lättpackade bekämpningsmedelsfria violblommor utan stjälkar
- ½ kopp honung

INSTRUKTIONER:
a) Skölj violer i en skål med kallt vatten och snurra dem försiktigt torra i en salladssnurra.
b) Värm honung till kokning i en panna eller mikrovågssäker kopp.
c) Ta bort honungen från värmen och rör ner violer.
d) Täck och låt violerna dra i 24 timmar.
e) Nästa dag, värm honung med violer bara tills den blir rinnig.
f) Häll honung genom en fin sil på glänt och släng violerna.
g) Täck burken och förvara honung med violettsmak på en sval, mörk plats.
h) Använd inom en vecka.

52.Blomgarnering för ost

INGREDIENSER:
- Ätliga blommor eller örter tvättade
- torr ost
- 2 dl torrt vitt vin
- 1 kuvert med gelatin utan smak

INSTRUKTIONER:
a) Lägg blommorna och örterna platt ovanpå osten i en design som du gillar.
b) Ta sedan bort blommorna och örterna och lägg dem åt sidan i mönstret.
c) Blanda det vita vinet och gelatinet i en kastrull.
d) Rör om tills gelatinet är helt upplöst och blandningen är klar.
e) Ta bort från värmen och lägg kastrullen i en större behållare fylld med is.
f) Fortsätt att röra när det tjocknar.
g) Lägg osten på ett galler över ett fat för att fånga upp droppen från glasyren.
h) Häll gelatinet över osten och fördela jämnt.
i) Kyl i 15 minuter, ta sedan ur kylen och sked mer glasyr över blommorna.
j) Servera med kex.

53.Kanderade violer

INGREDIENSER:
- ½ kopp -vatten
- 1 kopp socker, granulerat
- Mandelextrakt eller rosenvatten
- Färska violer eller
- Färska rosenblad

INSTRUKTIONER:
a) Dessa är dekorationer för desserter.
b) Gör sirap genom att röra ut vatten i socker i en kastrull.
c) Koka tills det tjocknat något.
d) Rör ner mandelextraktet efter smak. Låt sirapen svalna lite.
e) Lägg violerna, några åt gången, i sirap.
f) Se till att de är helt täckta.
g) Ta bort från sirapen och lägg på vaxpapper för att torka.
h) Om sirapen blir hård, värm upp igen, tillsätt lite mer vatten.

54.Stekt krysantemum Lök

INGREDIENSER:
- 16 gula lökar
- 1 tsk socker
- ¼ kopp kycklingbuljong
- 3 matskedar osaltat smör

INSTRUKTIONER:
a) Värm ugnen till 450 grader F.
b) Skär rotänden av varje lök platt med en vass kniv så att den fortfarande är intakt men står på ända.
c) Ställ varje lök på rotänden, skär parallella vertikala skivor med ¼-tums intervall in i men inte genom löken, och stanna cirka ¾-tum ovanför rotänden.
d) Rotera varje lök 90 grader och skär parallella vertikala skivor på samma sätt för att bilda ett kryssmönster, och håll löken intakt.
e) I en lätt smörad grund ugnsform tillräckligt för att låta lök öppna sig, eller "blomma", lägg lök och rotändar ner och strö över socker och salt efter smak.
f) Värm buljong och smör på medelhög värme i en panna tills smöret smält och häll över lök.
g) Täck löken med folie och rosta i mitten av ugnen i 45 minuter, eller tills den är mjuk.
h) Ta bort folien och rosta löken, tråckla då och då, i 30 till 45 minuter till, eller tills den är gyllene.
i) Lök kan göras 1 dag i förväg och kylas, täckt. Värm upp lök innan servering.

55. Kanderade rosenblad

INGREDIENSER:
- 2 rosor
- 1 äggvita
- 1 tsk vatten
- 1 kopp socker

INSTRUKTIONER:
a) Lägg rosenbladen på en bakplåtspappersklädd plåt.
b) Tillsätt 1 tsk vatten till 1 äggvita och vispa väl.
c) Använd en bakelseborste, täck rosenbladen lätt med äggtvätt och strö över socker omedelbart.
d) Lägg tillbaka på bakplåtspappret så att rosenbladen torkar helt över natten.
e) Rosenbladen kommer att stelna över natten och kan lagras och användas säkert i upp till 3 veckor.

56.Honung med lila blomma

INGREDIENSER:
- 2 dl färska syrenblommor med gröna stjälkar borttagna
- 1 ½ dl rå honung eventuellt lite mer

INSTRUKTIONER:
a) Klipp av syrenblommorna från stjälken med en sax och lägg dem i en burk i en pintstorlek.
b) När burken är full med syrenblommor, häll i rå honung för att helt täcka blommorna.
c) Låt honungen lägga sig i burken en stund, fyll sedan på burken med mer honung för att täcka blommorna.
d) Efter ett tag kommer syrenblommorna oundvikligen att flyta till toppen av honungen, och det är ok.
e) Förslut burken och låt honungen dra i minst några dagar och upp till flera veckor innan du använder, rör om blommorna lite så ofta du tänker på det.
f) När du är redo att använda honungen kan du lätt ösa ut blommassan från toppen av burken med en sked.

57. Nypon & vinbärssås

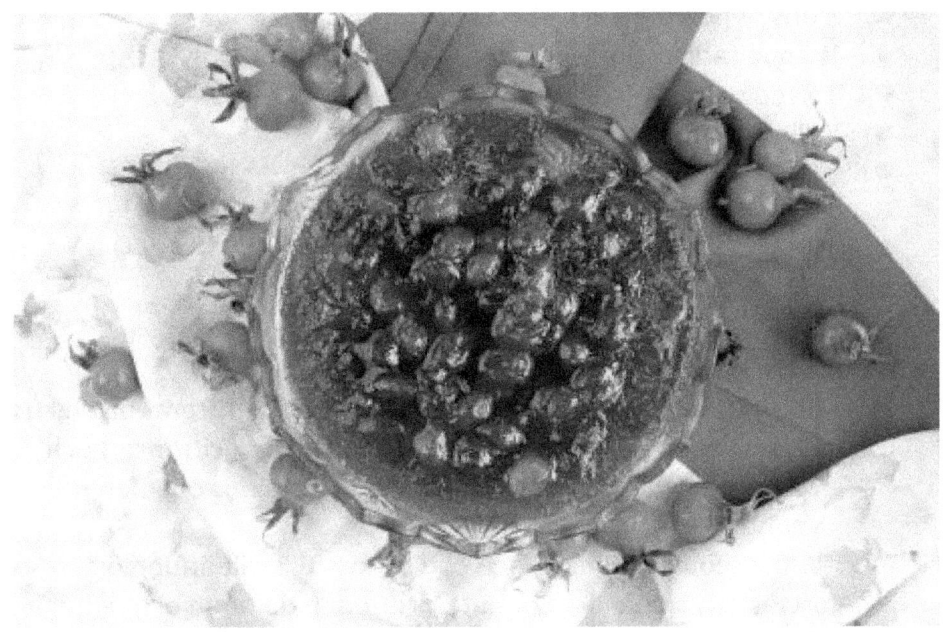

INGREDIENSER:
- 1½ kopp vatten
- 3 uns nypon
- ½ kopp farinsocker
- 1 kanelstång
- 3 Hibiscus tepåsar
- 1 dl vinbärsgelé, röd eller svart
- 1 msk citronsaft
- 1½ tsk smör
- ½ tesked Mjöl

INSTRUKTIONER:
a) Koka vatten, kanel och örtte tills vattnet är reducerat till en kopp.
b) Ta bort kanel och örtte och tillsätt farinsocker, citronsaft och nypon och låt sjuda snabbt tills vattnet är precis ovanför nyponen.
c) Tillsätt sedan vinbärsgeléen och rör om tills allt är upplöst, fortsätt att sjuda i fem minuter, rör om hela tiden och se noga efter att det bränner.
d) Blanda smör och mjöl ordentligt och rör ner i vinbärsgeléblandningen tills den tjocknat.
e) Ta blandningen från värmen, den är klar att användas.

DRYCK

58.Matcha Och Nasturtiums Smoothie Skål

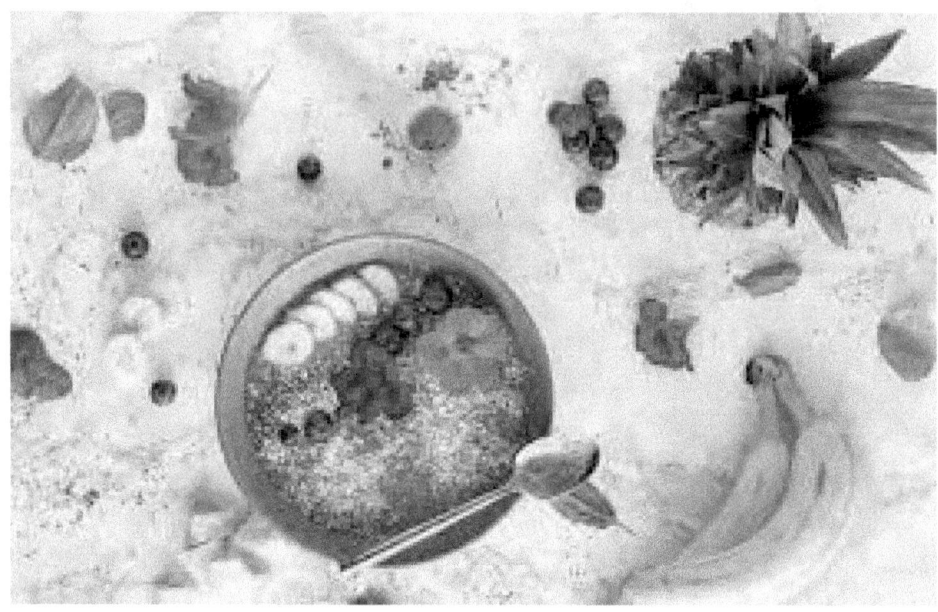

INGREDIENSER:
- 1 kopp spenat
- 1 fryst banan
- ½ kopp ananas
- ½ tesked matchapulver av hög kvalitet
- ½ tesked vaniljextrakt
- 1/3 kopp osötad mandelmjölk

GARNERING
- Chiafrön
- Krasse

INSTRUKTIONER:
a) Lägg alla ingredienser till smoothien i en mixer. Pulsera tills den är slät och krämig.
b) Häll upp smoothien i en skål.
c) Strö över pålägg och ät direkt.

59.Blåbär lavendelvatten

INGREDIENSER:
- ½ kopp blåbär
- 4 koppar vatten
- Lavendel ätbara blommor

INSTRUKTIONER:
a) Lägg ingredienserna i en kanna.
b) Kyl sedan vattnet i minst en halvtimme.
c) Sila och häll över isbitar innan du serverar.

60.Peach Smoothie Skål

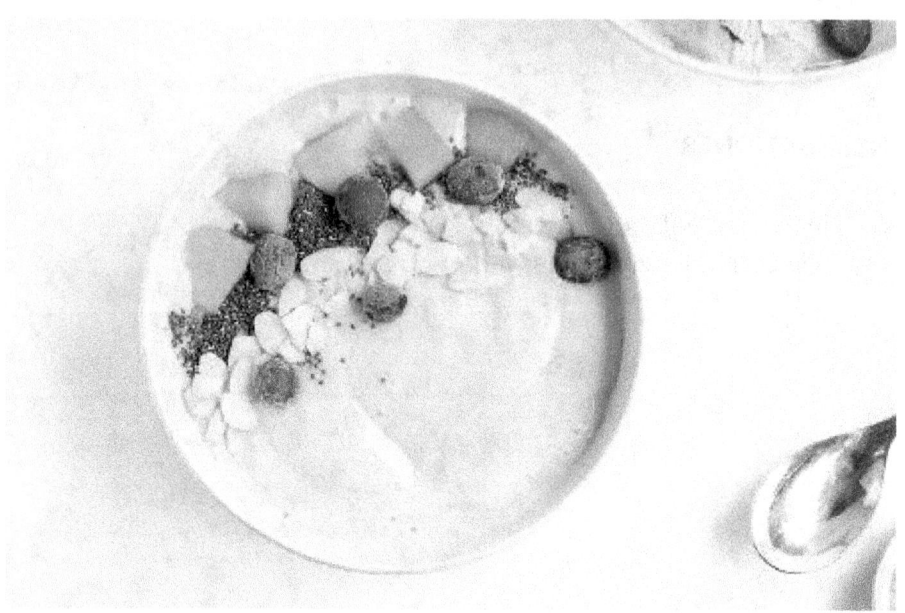

INGREDIENSER:
- 2 dl persikor, frysta
- 1 banan, fryst
- 1½ dl osötad vaniljmandelmjölk
- 1 matsked hampafrön
- Blandade bär
- ätbara blommor
- färska persikaskivor
- färska ananasskivor

INSTRUKTIONER:
a) Tillsätt alla ingredienser, förutom de ätbara blommorna, färska persikoskivor och färska ananasskivor i en mixerkopp och mixa tills det är slätt, var försiktig så att du inte överblandar.
b) Toppa med ätbara blommor, färska persikoskivor, färska ananasskivor eller andra pålägg som du väljer.

61.Söt lavendelmjölk Kefir

INGREDIENSER:
- 4 koppar mjölkkefir.
- 2 matskedar torkade lavendelblomhuvuden.
- Ekologiskt rörsocker eller stevia

INSTRUKTIONER:
a) Gör traditionell mjölkkefir, låt kefiren jäsa i rumstemperatur i 24 timmar.
b) Sila ur kefirkornen och flytta dem till färsk mjölk.
c) Rör ner lavendelblomhuvudena i mjölkkefiren. Tillsätt inte blomhuvudena medan kefirkornen fortfarande är i kefiren.
d) Lägg locket på kefiren och låt den stå i rumstemperatur över natten. Den andra jäsningen bör pågå i 12 till 24 timmar.
e) Sila av kefiren för att bli av med blomhuvudena.
f) Tillsätt rörsocker eller stevia. Rör ner sötningsmedlet i kefiren.

62.Healing Honeysuckle Te

INGREDIENSER:
- 4 koppar vatten
- 2 koppar färska kaprifolblommor
- 1 tsk honung

INSTRUKTIONER:
a) För att göra kaprifolte, samla öppna kaprifolblommor, plocka dem vid basen, så att nektaren behålls.
b) Lägg en näve blommor i en burk.
c) Koka upp 4 koppar vatten, ta sedan bort från värmen och vänta i 2 minuter.
d) Häll det varma vattnet över blommorna i burken.
e) Låt blandningen svalna till rumstemperatur när den drar.
f) Servera över isbitar och förvara resterande te i kylen.

63.Krysantemum Och fläder Te

INGREDIENSER:
- 1/2 msk krysantemumblommor
- 1/2 msk fläderblommor
- 1/2 msk pepparmynta
- 1/2 msk nässelblad

INSTRUKTIONER:
a) Placera alla ingredienser i en tekanna, täck med 10 fl ounces kokande vatten, låt dra och servera.
b) Drick 4 koppar om dagen under hösnuvasäsongen.

64.Kamomill Och Fänkål Te

INGREDIENSER:
- 1 tsk kamomillblommor
- 1 tsk fänkålsfrön
- 1 tsk ängssöt
- 1 tsk marshmallowrot, finhackad
- 1 tsk rölleka

INSTRUKTIONER:
a) Lägg örterna i en tekanna.
b) Koka upp vatten och lägg i tekannan.
c) Låt dra i 5 minuter och servera.
d) Drick 1 mugg av infusionen 3 gånger om dagen.

65.Maskros Och Kardborre Te

INGREDIENSER:
- 1 tsk maskrosblad
- 1 tsk kardborreblad
- 1 tsk klyvört
- 1 tsk rödklöverblommor

INSTRUKTIONER:
a) Lägg alla ingredienser i en tekanna, häll i kokande vatten, låt dra i 15 minuter och servera.
b) Drick varmt eller kallt hela dagen.

66. Yarrow Och Calendula Te

INGREDIENSER:
- 1 tsk rölleka
- 1 tsk ringblommor
- 1 tsk dammantel
- 1 tsk vervain
- 1 tsk hallonblad

INSTRUKTIONER:
a) Lägg alla ingredienser i en tekanna, häll i kokande vatten, låt dra i 15 minuter och servera.
b) Drick varmt eller kallt hela dagen.

67. Skullcap Och Orange Blomma Te

INGREDIENSER:
- 1 tsk kalott
- 1 tsk apelsinblommor
- 1 tsk johannesört
- 1 tsk träbetony
- 1 tsk citronmeliss

INSTRUKTIONER:
a) Lägg alla ingredienser i en tekanna, häll i kokande vatten, låt dra i 15 minuter och servera.
b) Drick varmt eller kallt hela dagen.

68.Calendula Blommor kallvård Te

INGREDIENSER:
- Nyp Calendula blommor
- Nyp salviablad
- Nyp Hibiscus blommor
- Nyp fläderblommor
- 2 dl vatten , kokt
- Honung

INSTRUKTIONER:
a) Lägg kalendula, salvia, hibiskus och fläderblommor i en glasburk.
b) Tillsätt kokt vatten i burken.
c) Stäng med lock och låt dra i 10 minuter.
d) Tillsätt honung.

69. Hölfotsblommor Te

INGREDIENSER:
- 2-delad nypon
- 1-del citronmeliss
- 2 koppar vatten
- 1-delad Marshmallowrot
- 1-delad Mullein
- 1-delad Hölfotsblommor
- 1-delad Osha-rot

INSTRUKTIONER:
a) Tillsätt vatten i en kastrull.
b) Tillsätt marshmallow och osha rötter.
c) Koka upp i 10 minuter
d) Tillsätt resterande ingredienser.
e) Låt det dra i 7 minuter till.
f) Anstränga.

70.Nypon grönt te

INGREDIENSER:

- 2 koppar vatten
- 1 grönt tepåse
- 2 nypor cayennepeppar
- 1 ekologisk citron, pressad
- 2 t a b le s skedar ekologiska nypon
- 2 tsk lönnsirap

INSTRUKTIONER:

a) Koka vatten.
b) Lägg till en tepåse och nypon i en kopp.
c) Täck med kokande vatten.
d) Låt det dra i 10 minuter.
e) Pressa citronen och saften i koppen.
f) Blanda i lönnsirapen.
g) Tillsätt cayennepulver.

71. Echinacea immunstödste

INGREDIENSER:
- ¼ kopp echinacea
- ¼ kopp fläder
- ¼ kopp astragalus
- ¼ kopp nypon
- ¼ kopp kamomill

INSTRUKTIONER:
a) Blanda allt och förvara i en glasburk.
b) Använd 2 teskedar per kopp varmt vatten.
c) Låt det dra i 10 minuter.

72. Rödklöver blommarTonic Te

INGREDIENSER:

- 4 delar nässelblad
- 3 delar grönmyntablad
- 2-delar mulleinblad
- 1-delad ingefärsrot
- 2-delat maskrosblad och rot
- 3 delar citronmeliss
- 2-delade rödklöverblommor
- 1-delad nypon

INSTRUKTIONER:
a) Blanda alla torra ingredienser.
b) Koka upp 4 koppar vatten och häll det varma vattnet över teblandningen.
c) Låt dra i 15 minuter, och sila ur örterna.

73. Rosa svart te

INGREDIENSER:
- 2-delade rosenblad
- 1 del svart te

INSTRUKTIONER:
a) Blanda ingredienserna i en burk.
b) Häll en tesked te i en sil.
c) Häll åtta uns kokande vatten över teet.
d) Låt dra i 5 minuter.

74. Healing Honeysuckle Te

INGREDIENSER:
- 4 koppar filtrerat vatten
- 1 tsk honung
- 2 koppar färska kaprifolblommor

INSTRUKTIONER:
a) Placera blommor i en mason burk.
b) Få vattnet till en kokpunkt och kyl sedan i 2 minuter.
c) Häll det varma vattnet över blommorna i burken.
d) Brant några minuter.
e) Servera över isbitar.

75.Blossom Tisane

INGREDIENSER:
- 10 färska kamomillblommor
- 20 knoppar från en lavendelblomma
- 10 färska feberblommor

INSTRUKTIONER:
a) Lägg blommor i en kruka.
b) Häll i 1 kopp varmt vatten över blommorna.
c) Låt dra i 4 minuter.
d) Sila i en mugg.

76.Krysantemumte med Goji

INGREDIENSER:
- 4 koppar kokande vatten
- 1 T a b le s poon Krysantemumblommor
- 1 T a b le s sked gojibär
- 4 urkärnade röda dadlar
- Honung

INSTRUKTIONER:
a) Lägg till krysantemumblommor, dadlar och gojibär i en kruka.
b) Tillsätt 4 koppar varmt kokande vatten.
c) Låt det dra i 10 minuter.
d) Sila och tillsätt honung.

77. Maskros blomma te

INGREDIENSER:
- ¼ kopp maskros blomma s
- 500 ml kokande vatten
- ½ tsk honung
- Citron juice

INSTRUKTIONER:
a) Placera maskros blomspetsar i en tekanna.
b) Koka upp vatten och Häll det varma vattnet över maskrosblommorna.
c) Låt dra i 5 minuter.
d) Sila ur blommorna.
e) Tillsätt honung och citron .

78.Fjärilsärtblomma Temjölk

INGREDIENSER:
- 2 tsk torkade hibiskusblommor, krossade
- ¼ tesked rosenvatten
- Hibiskus och rosenblad till garnering
- ¼ kopp kokt vatten
- ¾ kopp mjölk, skummad
- 2 tsk honung

INSTRUKTIONER:
a) Få vattnet till en kokpunkt.
b) Lägg de torkade hibiskusblommorna i en tesilkorg.
c) Brant te i ca 5 minuter.
d) Ta bort tesilen.
e) Blanda i rosenvatten och sötningsmedel i te.
f) Tillsätt varm skummad mjölk och garnera.

80.Valerianarot Super Relaxer Te

INGREDIENSER:
- 1 tsk torkad valerianarot
- 1 tsk torkad Kamomillblommor

INSTRUKTIONER:
a) I en tekanna med alla ingredienser, häll i 2 muggar varmt vatten.
b) S teep i 5 minuter.
c) Sila eller ta bort tepåsar.
d) Tillsätt honung.

81.Johannesört Lugnande te

INGREDIENSER:
- 1 uns citronmeliss
- 1-ounce kamomillblommor
- ½ uns johannesört

INSTRUKTIONER:
a) Blötlägg blandningen i 1 kopp kokt vatten.
b) Täck i 10 minuter och sila .

82.Föryngringste

INGREDIENSER:
- 1-delad nypon
- 1-delad ringblomma blommor
- 1-del gallum f sänker
- 1-delad gurkörtsblommor
- 1 5 delar nässlor blad

INSTRUKTIONER:
a) Lägg alla örter i en tepåse , lägg i en mugg och täck med kokande vatten.
b) Brant i 10 minuter.
c) Ta bort tepåsen och tillsätt ditt sötningsmedel.

83.Förkylningar Och Heshet Te

INGREDIENSER:
- 2 uns Malva blommor
- 1 ½ uns Mullein blommor

INSTRUKTIONER:
a) Låt dra i 10 minuter i 1 kopp varmt vatten. , stam.
b) Drick 2 koppar per dag .

84.Limeblomma örtte

INGREDIENSER:
- Påse med torkade limeblommor
- Kokande vatten

INSTRUKTIONER:
a) Lägg torkade blommor i en kruka.
b) Häll i det kokande vattnet och låt dra i fyra minuter.

85.Potpurri te

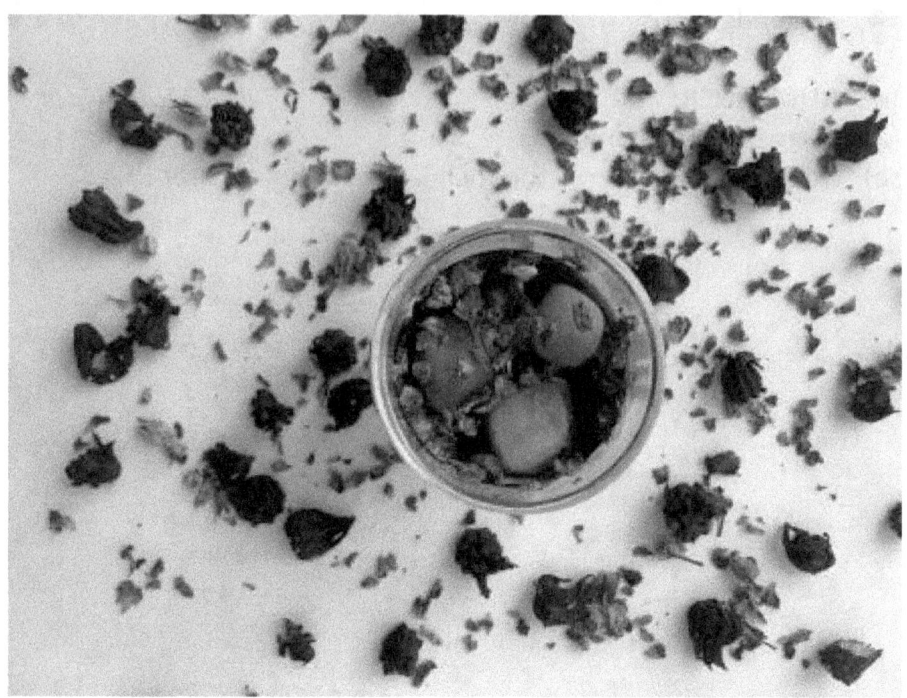

INGREDIENSER:
- 3 pinnar kanelbark , smulad
- 1 msk mald muskotnöt
- 2 uns torkade orange kronblad
- 2 matskedar Cassia bark , smulad
- 4 Hel stjärnanis
- 8 uns svart te
- 3 uns torkade hibiskusblommor
- Några vändningar av en pepparkvarn
- 1 uns Grovrivet färskt apelsinskal
- 1 tsk Hel kryddnejlika , stansad i en mortel

INSTRUKTIONER:
a) Blanda alla ingredienser i en mixerskål med händerna.
b) Bred sedan ut på en platt korg eller bricka och torka i några timmar.
c) Använd en rågad matsked per kastrull.

86.Rödklöver te

INGREDIENSER :
- ¼ kopp färsk rödklöver
- Blommar, med några blad
- Citron
- Honung
- Färska myntablad
- Flera maskrosblad

INSTRUKTIONER:
a) Lägg blommorna och bladen i en tekanna.
b) Fyll på med kokande vatten, täck över och låt sjuda i 10 minuter för att infundera.
c) Sila av i en kopp, tillsätt en snurra citron och söta med honung.

87.Ros Och Lavendel Vin

INGREDIENSER:
- 1 flaska Pinot Grigio
- 5 rosenblad
- 2 stjälkar av lavendel

INSTRUKTIONER:
a) Tillsätt örterna direkt i den öppnade vinflaskan.
b) Förslut tätt.
c) Låt stå i 3 dagar på en sval eller kyld plats.
d) Sila rosenbladen och lavendeln.
e) Servera i ett glas.
f) Garnera med rosenblad och lavendel.

EFTERRÄTT

88.Blåbär lavendel tranbär knaprig

INGREDIENSER:
- 3 dl blåbär
- 1 kopp tranbär
- ½ tesked färska lavendelblommor
- ¾ kopp socker
- 1-½ koppar krossade havregrynsgrahamskex
- ½ kopp farinsocker
- ½ kopp smält smör
- ½ kopp skivad mandel

INSTRUKTIONER:
a) Värm ugnen till 350 grader F.
b) Kombinera blåbär, tranbär, lavendelblommor och socker.
c) Blanda väl och häll i en 8 x 8-tums bakform.
d) Kombinera krossade kex, farinsocker, smält smör och skivad mandel.
e) Smula över toppen av fyllningen.
f) Grädda i 20 till 25 minuter, tills fyllningen är bubblig.
g) Kyl i minst 15 minuter innan servering.

89.Rabarber, ros och jordgubbssylt

INGREDIENSER:

- 2 pund rabarber
- 1 pund jordgubbar
- ½ pund starkt doftande rosenblad
- 1½ pund socker
- 4 saftiga citroner, inklusive frön, lades åt sidan

INSTRUKTIONER:

a) Skiva rabarbern och varva den i en skål med de hela skalade jordgubbarna och sockret. Häll på citronsaften, täck över och låt stå över natten.
b) Häll innehållet i skålen i en icke-reaktiv panna. Tillsätt citronfröna bundna i en muslinpåse och koka försiktigt upp. Koka i 2 minuter och häll sedan tillbaka innehållet i pannan i skålen. Täck och låt stå svalt över natten en gång till.
c) Lägg tillbaka rabarber- och jordgubbsblandningen i pannan.
d) Ta bort de vita spetsarna från rosenbladens baser och lägg till kronbladen i pannan, tryck dem väl ner bland frukterna.
e) Koka upp och koka snabbt tills inställningspunkten nås, häll sedan upp i varma steriliserade burkar.
f) Försegla och bearbeta.

90. Orange-Calendula Drop Cookies

INGREDIENSER:
- 6-8 färska kalendulablommor, tvättade, kronbladen borttagna och blombotten kasserad
- ½ kopp smör mjukat
- ½ kopp socker
- rivet skal av 2 apelsiner
- 2 msk apelsinjuicekoncentrat, smält
- 1 tsk vanilj
- 2 ägg, lätt vispade
- 2 dl mjöl
- 2 ½ tsk bakpulver
- ¼ tesked salt
- 1 kopp mandelhalvor

INSTRUKTIONER:
a) Värm ugnen till 350 grader F.
b) Smörj två plåtar lätt.
c) Grädde smör, socker och apelsinskal tills det är fluffigt.
d) Tillsätt apelsinjuicekoncentrat och vanilj. Blanda i ägg, rör om tills det blandas. Sikta ihop mjöl, bakpulver och salt.
e) Blanda ringblommablad och torra ingredienser till krämig blandning.
f) Släpp degen i teskedar på en plåt.
g) Tryck ut en mandelhalva i varje kaka.
h) Grädda i 12 till 15 minuter, tills de är gyllenbruna.

91.Yoghurtparfait Med Mikrogrönt

INGREDIENSER:
- ½ kopp vanlig yoghurt eller vaniljyoghurt
- ½ kopp björnbär
- ¼ kopp granola
- 1 tsk lokal honung
- en nypa ringblomma Mikrogrönt

INSTRUKTIONER:
a) I en parfaitkopp, varva yoghurt och bär.
b) Avsluta med en klick lokal honung, granola, en nypa ringblomma och ett sista bär!

92.Morotsblomma miniatyrlimpor

INGREDIENSER:
- 3 matskedar sojasås
- 1½ tesked ingefära, riven
- ¼ tesked salt
- 1 kopp ris, kokt
- 2½ kopp morot, strimlad
- 1 ägg
- 1 msk vinäger, ris
- 2 vitlöksklyftor, hackad
- 1 pund Turkiet, mald
- ¾ kopp grön lök, hackad
- ½ kopp vattenkastanjer, hackade
- 2 matskedar olja

INSTRUKTIONER:
a) Blanda alla ingredienser utom 2 c. av morötterna och oljan.
b) Forma 12 2-tums köttbullar. Blanda resterande morötter och olja. Rulla köttbullar i morötter. Lägg i smorda muffinsformar, strö över överblivna morötter och täck med folie.
c) Grädda i 375 grader i 25 minuter. Ta bort folien och grädda i 5 minuter tills spetsarna på morötterna börjar få färg.
d) Låt stå 5 minuter innan servering.

93. Anis Isop Cookies

INGREDIENSER:
- ½ kopp Anis isopblommor, hackade
- 3 ägg
- 1 kopp socker
- ½ tsk vanilj
- 2 koppar mjöl
- 1 tsk Bakpulver
- ½ tsk salt

INSTRUKTIONER:
a) Vispa äggen tjocka och citronfärgade.
b) Tillsätt socker och blomblad och vispa i 5 minuter. Tillsätt vanilj.
c) Tillsätt mjöl, bakpulver och salt till äggblandningen. Fortsätt vispa i 5 minuter till.
d) Släpp smeten i teskedar på smorda plåtar, med ett bra avstånd från varandra.
e) Grädda vid 325F i 12 till 15 minuter.

94. Lemon Pansy Paj

INGREDIENSER:
- Bakelse deg
- 2 ägg
- 3 äggulor
- ¾ kopp socker
- ½ kopp citronsaft
- 1 msk rivet citronskal
- 1 kopp tung grädde
- 1 förpackning smaklöst gelatin
- ¼ kopp vatten
- Kristalliserade penséer

INSTRUKTIONER:
a) Vispa ihop ägg, äggulor, socker, citronsaft och skal i en 1-liters kastrull med en trådvisp.
b) Koka på låg värme, rör hela tiden med en träslev tills blandningen tjocknar och täcker skeden i cirka 10 minuter.
c) Sila och ställ åt sidan.
d) När degen har svalnat, värm ugnen till 400'F. Mellan 2 ark mjölat vaxat papper, kavla ut degen till en 11-tums runda. Ta bort det översta pappersarket och vänd upp bakverket till en 9-tums pajplatta, låt överskottet sträcka sig över kanten.
e) Ta bort det återstående arket av vaxat papper. Vik överflödigt bakverk under så att det blir jämnt med tallrikens kant.
f) Med en gaffel sticker du hål i botten och runt sidan av degen för att förhindra att den krymper. Klä degen med aluminiumfolie och fyll med okokta torkade bönor eller pajvikter.
g) Baka konditorivaror i 15 minuter, ta bort folie med bönor och grädda 10 till 12 minuter längre eller tills skorpan är gyllene. Kyl skorpan helt på gallret.
h) När degen har svalnat, vispa grädden tills mjuka toppar bildas och ställ åt sidan.
i) Kombinera gelatin och vatten i en kastrull och värm på låg värme, rör om bara tills gelatinet lösts upp.
j) Rör ner gelatinblandningen i den avsvalnade citronblandningen. Vänd ner vispad grädde i citronblandningen tills den blandas. Fördela citronkrämfyllningen i en bakelse och låt stå i kylen i 2 timmar eller tills den stelnar.
k) Före servering, lägg penséer runt kanten och i mitten av pajen, om så önskas.

95.Kamomillkakor

INGREDIENSER:
- ¼ kopp kamomillblommor
- ½ kopp mjukt smör
- 1 kopp socker
- 2 ägg
- ½ tsk vaniljextrakt
- 1¾ kopp mjöl

INSTRUKTIONER:
a) Hacka kamomillblommorna försiktigt och ställ dem åt sidan.
b) Grädde smöret och äggen och vaniljen.
c) Rör ner mjöl och kamomill.
d) Häll av teskedar på en lätt smord plåt.
e) Grädda i 300' i 10 minuter.

96.Jordgubbe Och Kamomill Sorbet

INGREDIENSER:
- ¾ kopp vatten
- ½ kopp honung
- 2 matskedar Kamomill te knoppar
- 15 stora jordgubbar, frysta
- ½ tsk mald kardemumma
- 2 tsk Färska myntablad

INSTRUKTIONER:
a) Koka upp vattnet och tillsätt honung, kardemumma och kamomill.
b) Ta bort från värmen efter 5 minuter och kyl tills den är väldigt kall.
c) Lägg frysta jordgubbar i en matberedare och hacka dem fint.
d) Tillsätt den kylda sirapen och mixa tills den är väldigt slät.
e) Skeda ur och spara i en behållare i frysen. Servera med myntablad.

97. Nejlika Marshmallow Fudge

INGREDIENSER:
- 2 msk smör eller margarin
- ⅔ kopp outspädd indunstad mjölk
- 1½ koppar strösocker
- ¼ tesked salt
- 2 koppar miniatyrmarshmallows
- 1½ koppar halvsöta chokladbitar
- 1 tsk vaniljextrakt
- ½ kopp hackade pekannötter eller valnötter

INSTRUKTIONER:
a) Smör 8-tums fyrkantig panna.
b) I en kastrull, kombinera smör, avdunstad mjölk, socker och salt.
c) Koka upp under konstant omrörning.
d) Koka i 4 till 5 minuter under konstant omrörning och ta bort från värmen.
e) Rör ner marshmallows, bitar, vanilj och nötter.
f) Rör om kraftigt i 1 minut eller tills marshmallowsen smält helt.
g) Häll i pannan. Kyl och skär i rutor. Tips För en tjockare fudge, använd en 7x5-tums brödform.

98.Violett glass

INGREDIENSER:
- 1 kopp tung grädde
- 2 koppar Fina, färska fullkornsbrödssmulor
- ¼ kopp kristalliserat råsocker
- Kristalliserade violer

INSTRUKTIONER:
a) Vispa grädde tills den blir hård. Vänd ner ströbröd och socker.
b) Kyl i frysen tills den är stel men inte hård.
c) Innan servering, blanda i några kristalliserade violer, och garnera varje servering med mer av samma.

99.Violett soufflé

INGREDIENSER:
- 9 uns strösocker
- 8 äggulor
- 8 droppar violett essens
- 12 kanderade violer, krossade eller hackade
- 12 äggvitor
- 1 nypa salt
- Smör
- Strösocker
- Florsocker

INSTRUKTIONER:
a) Vispa ihop socker och gulor tills det blir blekt och tjockt.
b) Tillsätt violessens och kanderade violer.
c) Vispa äggvitor med salt till hårda toppar. Vik ihop.
d) Smöra insidan av en suffléform och belägg den med så mycket socker som fastnar på smöret.
e) Häll i suffléblandningen. Grädda i 15 minuter vid 400 grader.
f) Strö konditorsocker över toppen och sätt tillbaka till ugnen i 5 minuter till.
g) Servera varm.

100. Jordgubbe, Mango & Rose Pavlova

INGREDIENSER:
- 6 äggvitor
- ⅛ tesked grädde av tandsten
- nypa salt
- 1 ½ kopp socker
- 1 tsk citronsaft
- ¼ tsk rosenvatten eller ½ tsk vanilj
- 2 ½ tsk majsstärkelse
- 4 dl skivad mango och jordgubbar
- 2 matskedar socker
- 1 ½ dl vispgrädde
- ½ kopp mascarponeost
- Ätbara rosa rosenblad

INSTRUKTIONER:
a) Värm ugnen till 250°F.
b) Klä en plåt med bakplåtspapper.
c) Rita en 9-tums cirkel på papperet. Vänd på papperet så att cirkeln är på baksidan.

FÖR MARÄNG
d) Vispa äggvita, grädde av tartar och salt tills mjuka toppar bildas i skålen på en stavmixer utrustad med visptillbehöret.
e) Tillsätt 1 ½ koppar socker, 1 matsked i taget, vispa på hög hastighet tills styva toppar bildas och marängen inte längre är grynig, skrapa ner skålen efter behov. Vispa i citronsaft och rosenvatten. Använd en gummispatel och vik försiktigt i majsstärkelse.
f) Bred ut marängen över en cirkel på pergament, bygg upp kanterna något för att bilda ett skal.
g) Grädda i 1 ½ timme.
h) Stäng av ugnen och låt torka i ugnen med luckan stängd i 1 timme.
i) Svalna helt på plåt på galler.

KRÄMBLANDNING
j) Blanda mango och bär i en skål med 2 msk socker. Låt stå i 20 minuter.
k) Under tiden, i en mixerskål, vispa grädde och mascarpone med en elektrisk mixer tills mjuka toppar bildas.
l) Lägg upp marängskalet på ett fat.
m) Bred ut gräddblandningen i marängskalet. Skeda fruktblandningen ovanpå.
n) Servera omedelbart.

SLUTSATS

Som avslutning på vår kulinariska utforskning av knoppar och blommor, ""Den Kompletta Kokboken För Knappar Och Blommar " ger dig inte bara en samling recept utan en nyvunnen uppskattning för de ätbara underverk som naturen tillhandahåller. Må dessa sidor inspirera dig att omfamna skönheten i blommiga smaker och förvandla varje måltid till en fest för sinnena.

När du ger dig ut på dina egna kulinariska äventyr med ätbara blommor, må recepten i denna kokbok vara en guide som uppmuntrar dig att ingjuta dina rätter med den förtrollande essensen av blommor. Låt de känsliga kronbladen och livfulla färgerna lyfta dina måltider och skapa en matupplevelse som är både utsökt och visuellt fängslande. Skål för en värld där varje tugga är en hyllning till naturens skönhet och ätbara blommors konstnärskap!

www.ingramcontent.com/pod-product-compliance
Lightning Source LLC
Chambersburg PA
CBHW050148130526
44591CB00033B/1135